ACCESO GRATIS *a la Lectura en la Nube*

Para visualizar el libro electrónico en la nube de lecture envíe junto a su nombre y apellidos una fotografía del código de barras situado en la contraportada del libro y otra del ticket de compra a la dirección:

AF607582

ebooktirant@tirant.com

En un máximo de 72 horas laborales le enviaremos el código de acceso con sus instrucciones.

LA FIRMA ELECTRÓNICA
ASPECTOS GENERALES

LA FIRMA ELECTRÓNICA
ASPECTOS GENERALES

JOSÉ JOAQUÍN HERRERA VILLANUEVA

tirant lo blanch
Ciudad de México, 2024

En caso de erratas y actualizaciones, la Editorial Tirant lo Blanch publicará la pertinente corrección en la página web www.tirant.com/mex.

Este libro será publicado y distribuido internacionalmente en todos los países donde la Editorial Tirant lo Blanch esté presente.

© TIRANT LO BLANCH
DISTRIBUYE: TIRANT LO BLANCH MÉXICO
Av. Tamaulipas 150, Oficina 502
Hipódromo, Cuauhtémoc
06100 Ciudad de México
Telf.: +52 1 55 65502317
infomex@tirant.com
Email: tlb@tirant.com
www.tirant.com/mex/
www.tirant.es
ISBN: 978-84-1071-980-4
ISBN Colegio de Notarios de la Ciudad de México: 978-607-7873-64-8
MAQUETA: Innovatext

Si tiene alguna queja o sugerencia, envíenos un mail a: *atencioncliente@tirant.com*. En caso de no ser atendida su sugerencia, por favor, lea en *www.tirant.net/index.php/empresa/politicas-de-empresa* nuestro Procedimiento de quejas.

Responsabilidad Social Corporativa: *http://www.tirant.net/Docs/RSCTirant.pdf*

Índice

LA FIRMA ELECTRÓNICA ASPECTOS GENERALES

José Joaquín Herrera Villanueva

I. INTRODUCCIÓN

01100110 01101001 01110010 01101101 01100001 es la representación en sistema binario de una firma electrónica. Ahora imagine el lector que firma autográficamente un documento: ¿En qué se parecen ambas firmas? ¿Cómo es posible que los impulsos eléctricos procesados por una computadora u ordenador sean una firma? ¿Cuáles son sus efectos jurídicos?

El presente trabajo busca explicar de manera sencilla cómo funciona una firma electrónica, para que el interesado en estos temas pueda comprender su regulación legal.

Se puede afirmar que la firma electrónica se creó para satisfacer una necesidad del comercio electrónico, al requerir, primeramente, una manera de atribuir un mensaje de datos a su emisor. Posteriormente, al necesitar una forma de garantizar la integridad del mensaje de datos enviado electrónicamente. Y últimamente la acreditación fehaciente de la identidad del emisor. De tal suerte que, la firma electrónica es una herramienta necesaria para la contratación por medios electrónicos. Se puede asegurar entonces que la firma electrónica tiene, pues, un uso cotidiano en operaciones mercantiles y financieras realizadas en formato digital.[1]

Por su origen y el entorno en que se utiliza, la firma electrónica se estructuró para realizar operaciones entre partes no presentes; es decir, para la contratación a distancia, ya fuera local, interestatal o internacional.[2] En su diseño, también, se consideró que el comercio electrónico se realiza entre partes que por lo general no se conocen y que incluso pueden desconfiar unas de otras. Sin embargo, su uso ha desbordado los ámbitos comercial y financiero. En el campo jurídico, el uso de la firma electrónica se ha extendido prácticamente a todas las ramas del derecho, como el fiscal, administrativo, civil, procesal, etcétera, por razones que pueden ir desde la operatividad que origina su utilización, hasta políticas de índole ecológico.

Es válido cuestionarse la necesidad y oportunidad de un estudio sobre la firma electrónica. Algunos opinarán que al encontrarse ya regulada y reconocida la firma electrónica en nuestro país, en el ámbito local y federal, no es necesario un estudio sobre su naturaleza jurídica, sino únicamente un análisis exegético de su normatividad legal. Sin embargo, se tiene la necesidad de cuestionarse acerca de la naturaleza jurídica de la firma electrónica. ¿La firma electrónica es una especie del género firma? Si la respuesta es afirmativa, luego entonces, se le aplica la misma regulación legal y desde esta óptica no habría necesidad de reconocer legalmente el principio de equivalencia funcional de la firma electrónica con la firma autógrafa, manuscrita, caligráfica u ológrafa.[3]

---

1 En efecto, el Art. 1o de la Ley Modelo sobre las Firmas Electrónicas de la Comisión de las Naciones Unidas para el Derecho Mercantil Internacional establece que dicha ley será aplicable en todos los casos en que se utilicen firmas electrónicas en el contexto de actividades comerciales, sin perjuicio de que se pueda ampliar su ámbito de aplicación.

2 Es decir, transfronteriza.

3 Se utilizará indistintamente autógrafa, manuscrita, caligráfica u ológrafa, para referirse a la firma puesta de puño y letra del firmante, signante o signatario.

¿Será entonces que difieren en su esencia? Si se considera de esa manera, la consecuencia será la necesidad de que el ordenamiento jurídico aplicable reconozca el grado de equivalencia funcional de la firma electrónica con la firma autógrafa. Desde el punto de vista sustantivo se puede cuestionar si la firma autógrafa y la electrónica, ¿son formas distintas de exteriorización de la voluntad? o por el contrario, ¿son iguales? De la respuesta que se tenga dependerá su régimen jurídico e incluso su efecto en el derecho adjetivo, concretamente en su valor probatorio.

De lo anterior, surge con manifiesta claridad la atingencia de describir, aunque sea someramente, en qué consiste una firma electrónica, o mejor dicho, el procedimiento de firmado electrónico desde un punto de vista tecnológico y de ahí determinar su naturaleza jurídica.

¿Qué se requiere para comprender la regulación de una institución jurídica?

Se necesita una comprensión del supuesto normativo. Sólo entendiendo a cabalidad el hecho regulado por la norma jurídica se puede analizar y comprender su regulación legal. En el caso de la firma electrónica, se requiere saber qué es y cómo funciona. De lo contrario no se podrán comprender las normas legales que se le aplican. Habrá que recordar el aforismo latino *Da mihi factum, dabo tibi ius*,[4] el cual es absolutamente aplicable en este tema técnico-jurídico que constituye la firma electrónica.

En el presente trabajo se estudiará en forma genérica a la firma electrónica, sin entrar al análisis de su concreta regulación legal en el ordenamiento jurídico mexicano. Es necesario precisar que los términos utilizados en este texto, como autoridad certificadora, prestador de servicios de certificación, tercero de confianza, firmante, titular del certificado digital, parte que confía, entre otros, no deben ser entendidos con base en

---

4 "Dame los hechos, yo te daré el derecho".

legislación u ordenamiento jurídico alguno, a menos que en el texto se señale lo contrario.

Como se indica en el título del estudio, se analizará la firma electrónica desde un punto de vista general, a fin de entender su naturaleza, y una vez comprendida su estructura y funcionamiento, se estará en posibilidad de analizar la regulación legal aplicable en el ámbito federal y en el ámbito de la Ciudad de México. Pero antes, se requiere analizar el concepto genérico de firma.[5]

II. CONCEPTO DE FIRMA

La firma es un código gráfico de identificación, puesto en un documento, con la finalidad de aprobar su contenido y garantizar la integridad del mismo.

Del anterior concepto se desprende que el firmante,[6] es decir, el autor, creador, generador o titular de la firma, en principio, es una persona, pero nada impide que pueda ser una entidad.[7] Dependiendo de la clase de firma que se esté utilizando su titular, es decir, el firmante, puede ser una persona física, una persona moral e incluso una entidad.

Es un código gráfico correspondiente a un determinado lenguaje. Se puede considerar al código como la manifestación externa de un conjunto de símbolos utilizados para plasmar una idea en forma clara y precisa. El código, en sí mismo, es información. Constituye pues una manera de consignar infor-

---

5 Eduardo Pallares señala que la ley no define ni precisa en qué consiste la firma. *Cfr.* Pallares (1960, p. 316).

6 Se utilizarán indistintamente los términos firmante, signante y signatario.

7 "Firma: Nombre y apellido, o título que una persona pone al pie de un escrito para garantizarlo (Rancés, 1972, p. 345). Para la Real Academia Española: 1. *f.* Nombre y apellidos escritos por una persona de su propia mano en un documento, con o sin rúbrica, para darle autenticidad o mostrar la aprobación de su contenido. 2. *f.* Rasgo o conjunto de rasgos, realizados siempre de la misma manera, que identifican a una persona y sustituyen a su nombre y apellidos para aprobar o dar autenticidad a un documento. *Vid.* https://dle.rae.es/firma. Consultado: 03/02/2023.

mación. En la firma, dicha información está encaminada a la atribución de la identidad del firmante, es una manera de conferir autoría al documento que se firma. Además, es la manera que una persona utiliza para designarse y para distinguirse de otros mediante la utilización de un código gráfico. Es también una herramienta para individualizarse frente a la sociedad. Este código gráfico puede ser el nombre(s) y apellido(s) de la persona firmante, o bien, únicamente alguno de ellos, o incluso una frase (lenguaje escrito). También puede consistir en un conjunto de figuras, trazos o signos que el firmante considera que lo identifican (lenguaje simbólico).[8] O incluso puede ser un conjunto de puntos y rayas (lenguaje telegráfico) o un conjunto de unos y ceros (lenguaje binario de programación),[9] etcétera.

La firma se estampa, asienta, incorpora o anexa en un documento redactado por el firmante o en un documento redactado por un tercero e incluso en un documento previamente elaborado al efecto. El documento, como se mencionó, puede ser elaborado por el propio firmante, de tal manera que la persona al firmarlo se identifica como su autor, reconoce su contenido como de su autoría, lo aprueba, garantiza y lo cierra o concluye con su firma. O bien, puede ser redactado por un tercero o por la otra parte, en este supuesto el firmante manifiesta su conocimiento y conformidad con el contenido del documento, es decir, aprueba y garantiza su contenido, pudiendo o no atribuirse su autoría. Por ejemplo, en un instrumento público notarial, la autoría se encuentra atribuida por ley exclusivamente al Notario y los otorgantes de aquél manifiestan por medio de su firma su comprensión y conformidad con el contenido del instrumento.[10]

---

8 Por ejemplo, una rúbrica, es decir un trazo, el cual debe tener las características de ser un medio individualizado y habitual utilizado por el firmante como medio de identidad gráfica.

9 Conjunto de instrucciones escritas para crear software y aplicaciones informáticas.

10 *Vid.* Arts. 44 y 103 fracción XIX incisos c) y e) de la Ley del Notariado para la Ciudad de México.

Se suele comentar que la firma debe ponerse al final o al pie del documento, debajo del texto, en señal de que el firmante se obliga por todo su contenido, cerrando o concluyendo el mismo. Sin embargo, la firma también puede anexarse o agregarse al documento que se autoriza. En el supuesto de que se esté en presencia de un soporte físico, mediante un adherido al mismo. Piense en las firmas puestas en una hoja adicional por no haber espacio en el documento; o para el caso de un documento en soporte electrónico, mediante la vinculación lógica de la firma electrónica con el mensaje de datos que se quiere firmar.

Un documento, en su más amplia acepción, es lo que sirve para comprobar algo. Es la concreta manera física o material de externar una idea, un acto, hecho, evento, suceso o situación. Su utilidad desde el ámbito jurídico procesal radica en ser una fuente probatoria y un medio de prueba. Desde el punto de vista jurídico un documento *lato sensu* es la expresión de la voluntad en un determinado soporte con trascendencia jurídica, el cual debe ser perdurable, íntegro y consultable.

Derivado de lo anterior se considera que el soporte del documento debe tener las características de accesibilidad, inalterabilidad y durabilidad. El documento debe poder ser consultado cuantas veces sea necesario para tener acceso a la información consignada en él. El soporte del documento puede ser una tablilla, papiro, pergamino, papel o un registro electrónico. Del soporte documental utilizado depende la accesibilidad a su contenido, de ahí la clasificación de documentos directos e indirectos. Los directos no requieren de herramienta alguna para el acceso a su contenido. A diferencia de los indirectos, los cuales necesitan medios o herramientas para imponerse de su contenido.

Mediante la puesta de la firma es que su titular reconoce el documento, aprueba su contenido y consiente con él. En sentido amplio, la firma autoriza el documento. Metafóricamente se dice que la firma "vincula" al firmante con el documento.[11]

---

11 A fin de evitar una vieja polémica, se utiliza vincular, vínculo o vincularse de conformidad con su significado gramatical.

Con relación al propio titular de la firma y frente a terceros, la firma puesta en un documento o anexada a él presume que la misma corresponde a su titular, que éste acepta el contenido del documento y garantiza la integridad del mismo. Es decir, la firma atribuye identidad al firmante en relación con el documento firmado, y viceversa, la firma del documento se atribuye al signante. Además, la firma puede tener por efecto la atribución de la autoría del documento en relación con el firmante. En resumen: la firma da autenticidad al contenido del documento y a él mismo. Desde un punto de vista jurídico sustantivo, la firma es la exteriorización de la voluntad de una persona, consignada en un documento redactado o elaborado al efecto, con la finalidad de aprobar y garantizar su contenido; es decir, de obligarse en los términos del mismo.

También se destaca que con la puesta de la firma se garantiza su contenido. El signatario al estampar su firma busca conferir integridad al documento. Se trata así de evitar que dicho documento pueda ser alterado con posterioridad a que haya sido firmado. De ahí la costumbre de firmar o rubricar todas las páginas que conforman un documento elaborado en soporte papel, a fin de garantizar la inalterabilidad de su contenido. Al firmar un documento se presume su integridad, y la conservación del mismo. Hace presumir que su contenido no ha sido alterado o modificado desde que fue firmado. Esto último, es lo que se denomina la concomitancia o contemporaneidad de la firma en relación con el documento. Se entiende por integridad del documento la conservación de su estado a partir de la firma del mismo, lo que implica desde el punto de vista interno la no alteración de su contenido y desde el punto de vista externo su complitud o no mutilación.

Firmado un documento se presume que la firma ha sido puesta por el firmante y que éste acepta su contenido y las consecuencias del mismo; es decir, no puede desconocerlo o repudiarlo, salvo los casos y con los requisitos establecidos en la ley.[12]

---

12 *Vid.* Arts. 328 al 331 del Código Nacional de Procedimientos Civiles y Familiares.

III. TIPOS DE FIRMA

Se clasifica a los diversos tipos de firma tomando en consideración la manera de generarla. La clasificación se fundamenta en el aspecto externo: el medio utilizado. Otra forma de clasificar los diversos tipos de firma, es la que toma en cuenta la manera en que se atribuye al signante. Esta clasificación se fundamenta en un aspecto interno: la atribución.

1. Por los medios utilizados para su creación

Por los medios utilizados para su creación, la firma puede ser: autógrafa, facsimilar, mecánica o electrónica.[13]

Se dice que una firma es autógrafa cuando es puesta de puño y letra del firmante. Los trazos son realizados por medio de la acción de la mano de su autor, es manuscrita u ológrafa.[14] La fuerza probatoria de la firma autógrafa deviene de su individualidad y en cierta medida en su singularidad. En principio, se afirma que cada persona física tiene una firma que lo individualiza, en razón del trazo diferenciado con la efectuada por otras personas. Lo importante de este tipo de firma es que el trazo se origina del puño y letra de una determinada persona, a pesar de que la firma pueda o no ser similar con la utilizada por dicha persona. Hay que recordar que la pericial grafoscópica o caligráfica tiene por objeto atribuir el trazo de una firma a una determinada persona.[15]

---

13 Se hace referencia a que la firma electrónica es numérica, en el sentido, de que pudiendo ser representada en texto simple o plano, o por caracteres alfanuméricos, que tienen su origen en un sistema binario, lo cual se traduce en un impulso eléctrico o en la falta de un impulso eléctrico.

14 El Código Civil para el Distrito Federal en su Art. 2318, en relación con el contrato de compraventa, dispone que si alguno de los contratantes no supiere escribir, firmará a su nombre y a su ruego otra persona con capacidad legal, no pudiendo firmar con ese carácter ninguno de los testigos, observándose lo dispuesto en el párrafo segundo del Art. 1834.

15 *Vid.* Pericial grafoscópica, https://legal-mexico.com/que-hace-un-perito-en-grafoscopia/#:~:text=La%20GRAFOSCOPIA%20estudia%20si%20la,de%20acuerdo%20a%20su%20formato. Consultado: 12/03/24.

Por otra parte, una firma es facsimilar cuando se utiliza un sello que reproduce la firma de una persona. El sello tiene reproducida en relieve la firma de una determinada persona y una vez entintado aquél, se imprime en el documento respectivo. De tal suerte que el facsímil es una imitación exacta de la firma del titular. La firma facsimilar únicamente puede producir efectos cuando su uso se encuentra previsto en la legislación y cumpliendo los requisitos señalados en la normatividad aplicable, o bien, mediante previo acuerdo entre las partes, en el sentido de que utilizarán dicho medio para autorizar los documentos que señalen al efecto.[16]

La firma mecánica es la utilizada en comunicaciones masivas, por lo que es la reproducción de la firma del titular por medio de una herramienta, instrumento o una máquina. Debido a que es la reproducción de la imagen de una firma, sus efectos jurídicos son indirectos y muy limitados. Un ejemplo de este tipo de firma es la reproducción de un documento firmado mediante un sistema offset.[17]

Estos tres tipos de firma: autógrafa, facsimilar y mecánica tienen como soporte material el papel y tienen como característica su apreciación directa o inmediata, no se requiere de herramienta o procedimiento alguno para imponerse de ellas, ni del contenido del documento signado en dicha forma, son apreciables a simple vista.

Ahora bien, la firma electrónica es la generada o creada mediante el uso del lenguaje de programación y que es puesta en un documento electrónico. A diferencia de las firmas autógrafas, facsimilares o mecánicas, las cuales tienen un soporte papel, es decir, un soporte material tangible, la firma electrónica tiene un soporte electrónico. Sobre este punto, no es necesario aclarar sobre la materialidad de la energía eléctrica. Por lo que

---

16 *Vid.* Art. 125, fracción VIII de la Ley General de Sociedades Mercantiles.

17 *Cfr.* Poveda. https://criminalisticaforense.com/pericias-sobre-fotocopias-validez-del-dictamen-sobre-fotocopia-como-medio-indiciario/ Consultado: 12/03/2024.

se parte de la base de que el documento electrónico, efectivamente es un tipo de documento,[18] el cual tiene como soporte los electrones. Al referirse al documento electrónico, no se está utilizando el término "documento" como una metáfora o analogía, porque efectivamente, en última instancia existe un soporte físico. Sin embargo, existen opiniones que difieren de lo anterior y afirman que es necesario acudir al criterio de la equivalencia funcional, para sostener la existencia, validez y eficacia del documento electrónico. ¿Será que consideran la intangibilidad del documento electrónico como una diferencia de esencia con la tangibilidad de las demás especies de documentos? Desde luego, jurídicamente el documento electrónico, se insiste, es un documento y como tal fuente probatoria y medio de prueba. Problema distinto es su categorización como medio de prueba documental, lo cual dependerá del ordenamiento jurídico adjetivo que la reconozca y de la concreta manera en que regule la forma de presentación, fiabilidad, impugnación u objeción.[19]

2. *Por la manera en que se atribuye al signante*

Desde el punto de vista en que se atribuye la firma al signante, ésta se puede clasificar en fehacientemente atribuible y simplemente atribuible.

Una firma fehacientemente atribuible, es aquella que tiene la característica de relacionar de una manera indefectible el código gráfico con su titular o autor. La vinculación de la firma con su autor o creador se logra a través de la intervención de un tercero de confianza. Ejemplo de este tipo de firma es la puesta de firma o reconocimiento de firma realizada ante Notario Público o Servidor Público facultado para ello, o bien ante Juez

---

[18] El documento electrónico es un bien jurídicamente hablando. Como en otra oportunidad se ha afirmado, la materialidad del bien digital no está a discusión, cosa distinta es su tangibilidad.

[19] *Cfr.* Arts. 308, 332 y 335 del Código Nacional de Procedimientos Civiles y Familiares.

competente siguiendo el procedimiento establecido en la legislación correspondiente. Esta atribución fehaciente e inmediata se logra por medio de la certificación que realiza el tercero de confianza acerca de la identidad del firmante, de la puesta o reconocimiento de la firma y de la integridad del documento firmado. Desde el punto de vista sustantivo, la atribución inmediata de la firma es orgánica y genética, en razón de que es parte integrante del requisito de forma del acto jurídico. Y desde el aspecto adjetivo tiene consecuencias en el valor probatorio por la cualidad que adquiere el documento firmado.[20]En este tipo de firma existe una prueba preconstituida sobre la atribución de la firma con el signante, quien queda vinculado con el documento firmado y, debido a la atribución fehaciente de su firma, no puede desconocerla. En caso de hacerlo deberá aportar, en el juicio respectivo, los medios probatorios correspondientes para demostrar que el documento no fue firmado por él.

A diferencia de la anterior, la firma simplemente atribuible no se encuentra vinculada fehacientemente con el signante. Su atribución puede ser negada o desconocida por el firmante. Desde el punto de vista sustantivo, es orgánica, en razón de que es parte integrante del requisito de forma del acto jurídico. En efecto, el ordenamiento jurídico exige para todo documento escrito, que el mismo sea firmado por el otorgante o las partes. Pero no existe un vínculo genético entre la firma y el firmante, por lo que puede quedar en entredicho la autenticidad de la firma. No hay una garantía fehaciente de que la firma corresponda a su titular. Por lo que respecta al aspecto adjetivo, tiene consecuencias en el valor probatorio del documento firmado. Una firma simplemente atribuible otorga la cualidad al documento que le sea reconocida por la legislación aplicable. Como se aprecia, la carga de la prueba se desplaza en razón del reconocimiento legal de la atribución de la firma

---

20 *Vid.* Arts. 2317, 2320, 2321, 2345, 2551, fracción II, 3005, fracción III del Código Civil para el Distrito Federal. Art. 312 del Código Nacional de Procedimientos Civiles y Familiares.

con el signatario.[21] No está por demás comentar, que se debe tener presente en este tema, la distinción entre los conceptos de derecho sustantivo y de derecho adjetivo de documento y firma, cuya exposición excede al presente estudio, el cual versa sólo sobre las generalidades de la firma electrónica.

IV. EFECTOS LEGALES

La firma puesta o anexada en un documento hace presumir: (i) Que la firma corresponde a su titular. Como ya se mencionó, la firma es la identidad gráfica de una persona o entidad; y (ii) Que el autor de la firma es el titular de la misma. El código gráfico es atribuible al titular. Lo anterior, en razón de que la firma fue estampada, puesta o creada por el firmante, a través de medios que se encontraban bajo su exclusivo control, ya sea que la haya puesto de su puño y letra, como en el supuesto de la firma manuscrita, ológrafa o autógrafa; o bien, mediante el uso de una herramienta o mecanismo, como en el caso de la firma facsimilar o mecánica; o utilizando un medio electrónico, como al escribir una contraseña para autorizar una transferencia, en el supuesto de la firma electrónica.

Respecto al contenido del documento, la puesta o anexo de la firma hace presumir: (i) Que la firma es la expresión gráfica de la voluntad del firmante; (ii) Que el firmante reconoce el documento o se atribuye su autoría; y (iii) Que el firmante aprueba el contenido del documento. Todas estas presunciones acarrean diversas consecuencias jurídicas dependiendo del tipo de firma utilizada.

Por lo que respecta al propio documento, una vez firmado se presume su integridad durante su conservación. Lo que implica la aceptación de su autenticidad y que no ha sido alterado,

---

21 *Vid.* Arts. 1834, 2317 párrafo segundo, 2551 fracción III del Código Civil para el Distrito Federal. Art. 8o, fracción II de la Ley General de Títulos y Operaciones de Crédito. Art. 319 del Código Nacional de Procedimientos Civiles y Familiares.

modificado o mutilado desde que fue firmado. Esta presunción, tiene por efecto que el signatario del documento no pueda desconocerlo ni repudiarlo, salvo en los casos y con los requisitos establecidos en el ordenamiento jurídico aplicable.

V. FIRMA ELECTRÓNICA

Se puede conceptualizar, en forma genérica o *lato sensu*, a la firma electrónica como el mensaje de datos, que identifica al firmante, adjuntado o lógicamente asociado a un documento electrónico, con la finalidad de aprobar y garantizar la integridad de su contenido.

Del anterior concepto, se aprecia que la firma electrónica es una tecnología de la información y la comunicación para generar, transmitir y procesar un documento en formato electrónico, que atribuye identidad a su emisor, con la finalidad de autenticar el contenido de un documento electrónico al cual se asocia o adjunta. Esta autenticación produce el efecto de que el firmante acepta y reconoce el contenido del citado documento electrónico. También, con el uso de la firma electrónica, empleando cierta tecnología (como la criptográfica), se puede garantizar la atribución al firmante y la integridad del documento electrónico autenticado. Asimismo, la firma electrónica puede ser utilizada para acreditar la autoría de un documento electrónico e incluso para garantizar la identificación del autor. Todo lo anterior, dependiendo de la tecnología que se utilice para su creación.

El signatario, mediante el uso de la firma electrónica, manifiesta su identidad y expresa su consentimiento con el contenido del documento electrónico. Con ella, aprueba y reconoce obligaciones y derechos que derivan del contenido de un documento electrónico. Atribuye su autoría o, en el supuesto de que el documento electrónico haya sido elaborado por la otra parte o incluso por un tercero, declara su conformidad con dicho documento.

Desde luego, la anterior conceptualización de firma electrónica que se propone fue elaborada con la debida cautela. En esta materia no existe un concepto único de firma electrónica, ni en la legislación ni en la doctrina. Una de las particularidades que inciden en la complejidad de la firma electrónica, es la confluencia del aspecto tecnológico con el jurídico. Se utiliza indiscriminadamente terminología importada del ámbito informático, criptográfico, matemático y tecnológico para explicar la naturaleza y consecuencias del uso de la firma electrónica. Por si fuera poco, si a esto se agrega que se combinan en la definición de firma electrónica diversos conceptos de firma autográfica acuñados por el derecho sustantivo y el derecho adjetivo. Así como también los elaborados por el sistema anglosajón (*Common law*) y el sistema romano-germánico (*Civil law*).[22] Se tiene como resultado un concepto, por no decir, una institución híbrida.

A fin de ilustrar lo anterior, se analizarán tres ejemplos: el Reglamento (UE) número 910/2014 del Parlamento Europeo y del Consejo de fecha 23 de julio de 2014, relativo a la identificación electrónica y los servicios de confianza para las transacciones electrónicas en el mercado interior y por la que se deroga la Directiva 1999/93/CE, conocido como "eIDAS" (electronic IDentification, Authentication and trust Services), en su artículo 3o, "Definiciones", inciso 10) señala: "firma electrónica, los datos en formato electrónico anejos a otros datos electrónicos o asociados de manera lógica con ellos que utiliza el firmante para firmar".[23]

De esta definición se destaca un aspecto subjetivo o de intención, la firma electrónica es una herramienta para "firmar", es decir, es un equivalente funcional de la firma autógrafa para aprobar y garantizar el contenido de un documento electrónico. Estos datos en formato electrónico hacen las veces de una firma y producen los mismos efectos de ésta. Dentro de esta línea está el Code of Laws of the United States (U.S. Code), el cual en su

---

22 Para una referencia sobre estos sistemas *cfr.* Ramírez Santibañez, *passim.*

23 Consúltese en: https://www.boe.es/doue/2014/257/L00073-00114.pdf

Title 15, Chapter 96, Subchapter I, §7006-Definitions, n. 5),[24] considera a la firma electrónica como todo dato electrónico utilizado con la intención de firmar un registro electrónico.

Por su parte, la Ley Modelo sobre las Firmas Electrónicas de la Comisión de las Naciones Unidas para el Derecho Mercantil Internacional,[25] que es base y fundamento no sólo de la normatividad nacional sobre firma electrónica, sino además de la legislación de diversos países sobre la materia, en su artículo 2o "Definiciones", inciso a), por firma electrónica entiende: "[...] los datos en forma electrónica consignados en un mensaje de datos, o adjuntados o lógicamente asociados al mismo, que puedan ser utilizados para identificar al firmante en relación con el mensaje de datos e indicar que el firmante aprueba la información recogida en el mensaje de datos".[26]

Aquí tenemos una categorización distinta. La firma electrónica es un tipo de firma (especie del género firma). La cual consiste en un documento electrónico atributivo de identidad al firmante. Mediante estos datos en forma electrónica se identifica al suscriptor del mensaje de datos. Además, por medio de estos, quien los genera consiente con el contenido del documento electrónico. Esta es una función primordial en la firma autógrafa, ya sea que el signatario utilice su nombre y apellidos o un trazo ilegible que realiza habitualmente, dichos códigos gráficos lo identifican y vinculan con el contenido del documen-

---

24 15 U.S. Code Chapter 96 – ELECTRONIC SIGNATURES IN GLOBAL AND NATIONAL COMMERCE U.S. Code, SUBCHAPTER I—ELECTRONIC RECORDS AND SIGNATURES IN COMMERCE (§§ 7001–7006), "5) Electronic signature The term 'electronic signature' means an electronic sound, symbol, or process, attached to or logically associated with a contract or other record and executed or adopted by a person with the intent to sign the record".
Consúltese en: https://www.law.cornell.edu/uscode/text/15/7006

25 Resolución aprobada por la Asamblea General, sobre la base del informe de la Sexta Comisión (A/56/588), identificada con el número 56/80.

26 Consúltese en: https://uncitral.un.org/sites/uncitral.un.org/files/mediadocuments/uncitral/es/ml-elecsig-s.pdf

to. Ambas sirven para autenticar documentos. Una en soporte electrónico y la otra en soporte papel.

El Código Civil y Comercial de la Nación Argentina, en su artículo 288, cuenta con una descripción de lo que se debe entender por firma digital, la cual como se verá más adelante, es una especie de firma electrónica. "En los instrumentos generados por medios electrónicos, el requisito de la firma de una persona queda satisfecho si se utiliza una firma digital, que asegure indubitablemente la autoría e integridad del instrumento".[27]

Como se puede aprecia en el ordenamiento argentino, se regula a la firma digital desde el punto de vista formal. Como manera concreta de cumplimentar la forma como requisito de validez del acto jurídico. Esta aproximación es interesante, pues reflexiona acerca de la firma como parte integrante del documento. Se está en presencia del supuesto en que la ley ha establecido una forma determinada para que la manifestación de voluntad sea válida o incluso existente. En el Código Civil y Comercial de la Nación Argentina, la norma jurídica indica que dicho requisito de forma tratándose de documentos electrónicos queda satisfecho mediante el uso de una firma electrónica que asegure indubitablemente la autoría e integridad del documento, es decir, que tenga la característica de ser fehacientemente atribuible.

Regresando al concepto propuesto de firma electrónica, se destaca que a diferencia de la firma autógrafa, facsimilar o mecánica las cuales tienen un soporte papel y son apreciables en forma directa, la firma electrónica se genera y representa mediante la utilización de datos electrónicos procesados (software) por medio de una computadora u ordenador (hardware). Los datos en forma electrónica o información digital se almacenan en un soporte magnético u óptico, representado en forma de una serie o cadena de ceros y unos,[28] denominados datos bina-

---

27 Consúltese en: http://www.saij.gob.ar/docsf/codigo/Codigo_Civil_y_Comercial_de_la_Nacion.pdf

28 En forma genérica un circuito cerrado se considera un uno lógico y un circuito abierto se considera un cero lógico, *vid.* https://www.google.

rios los que pueden representar un texto, una imagen, sonido o video; es decir, se procesa informáticamente en datos binarios.[29]

> El sistema de numeración utilizado en los computadores digitales es el binario, ya que tiene dos elementos o bits (*binary digit*): el 0 y el 1. Sin embargo, algunos dispositivos como la memoria y el mismo procesador utilizan el sistema octal y el hexadecimal para el almacenamiento y procesamiento de datos. Una de las principales agrupaciones de bits es la de ocho bits a la cual se le denomina un byte, unidad de medida por excelencia de la capacidad de memoria.[30]

Los datos electrónicos que conforman la firma electrónica deben constar en el documento electrónico que se firma. Se consignan, adjuntan o se asocian lógicamente al documento en formato electrónico en un mensaje de datos. Este concepto de asociar lógicamente unos datos a otros datos, se ejemplifica, *mutatis mutandi*, de manera muy ilustrativa en soporte papel, cuando se anexa la hoja de firmas a un documento que se desea aprobar o autenticar.[31]

> Cuando envío una carta y anexo a la misma unas fotografías sujetas con un clip, estoy anexando dichas fotografías al documento, este es el ejemplo típico en el mundo físico de adjuntar un documento a otro. El procedimiento lógico de asociación se realiza, en la mayoría de las computadoras, mediante la organización de los archivos en jerarquías llamadas carpetas, directorios o catálogos.[32]

---

com/search respuesta a la frase "un circuito eléctrico cerrado se representa con 0". Sin embargo, "en el contexto de la lógica digital y los sistemas electrónicos", el concepto de 0 representa 0 voltios y el concepto de 1 representa generalmente 5 voltios. Recurso Chat & Ask AI, respuesta a la pregunta: ¿El 0 representa circuito abierto y el 1 circuito cerrado?

29 *Vid.* Herramientas Informáticas para la documentación en: https://www3.uji.es/~aramburu/j42/docs/teoria/tema4.pdf

30 *Vid.* http://virtual.umng.edu.co/distancia/ecosistema/odin/odin_desktop.php?path=Li4vb

31 Al adicionar al contrato la hoja de firmas es costumbre asentar la leyenda: "La presente hoja *forma parte integrante* del contrato celebrado entre A y B, el día 28 de marzo de 2023". Este es un ejemplo de asociación lógica y adherencia física al documento que se autentica.

32 *Vid.*https://es.wikipedia.org/wiki/Organizacion_de_archivos#:~:text=ra%C3%ADz%20al%20archivo.,Organizaci%C3%B3n%20l%-

Es común explicar que un mensaje de datos es todo aquel contenido generado, procesado, representado y almacenado de forma digital en cualquier formato para su comunicación a través de medios electrónicos. Por ejemplo, los archivos de documentos, videos, grabaciones de audio e imágenes. A los mensajes de datos se les conoce como documentos electrónicos, los cuales pueden estar en diversos formatos, como los archivos con extensión: .doc,[33] .pdf,[34] .xml.[35] La terminación o extensión sirve para identificar la forma del contenido del mensaje de datos y para determinar el procedimiento para su interpretación, es decir, para poder utilizar el programa informático (software) adecuado para obtener su representación gráfica y hacerlo inteligible. La firma electrónica no es apreciable directamente, es mediata e ininteligible, y requiere de un mecanismo para su representación o interpretación. Ya sea mediante el uso del correspondiente software, o bien obteniendo su validación al ingresar o accesar a una dirección electrónica de una pági-

---

C3%B3gica,tambi%C3%A9n%20puede%20contener%20otras%20carpetas.

33 ".doc es una extensión de nombre de archivo utilizada para documentos de procesamiento de texto almacenados en el formato de archivo binario de Microsoft Word propiedad de Microsoft. Microsoft ha utilizado la extensión desde 1983". *Vid.* https://en.wikipedia.org/wiki/Doc_(computing). Consultado: 13/10/2023.

34 ".PDF (siglas en inglés de Portable Document Format, 'formato de documento portátil') es un formato de almacenamiento para documentos digitales independientes de plataformas de software o hardware. Este formato es de tipo compuesto (imagen vectorial, mapa de bits y texto). Inicialmente desarrollado por la empresa Adobe Systems, fue oficialmente lanzado como un estándar abierto el 1 de julio de 2008 y publicado por la Organización Internacional de Estandarización (ISO) como ISO 32000-1". *Vid.* https://es.wikipedia.org/wiki/PDF. Consultado: 13/10/2023.

35 "XML, siglas en inglés de eXtensible Markup Language, traducido como 'Lenguaje de Marcado Extensible', es un metalenguaje que permite definir lenguajes de marcas desarrollado por el World Wide Web Consortium (W3C) utilizado para almacenar datos en forma legible". *Vid.* https://es.wikipedia.org/wiki/Extensible_Markup_Language. Consultado: 13/10/2023.

na o sitio web. Por ejemplo, algunos documentos electrónicos firmados con firma electrónica se validan al ingresar a una dirección electrónica en la cual se puede constatar los datos de identificación del documento o incluso se puede observar éste firmado electrónicamente; ambos mecanismos sirven de medio de autenticación de la firma electrónica.

Líneas arriba se mencionó la dificultad que implica la aproximación a la firma electrónica por estar íntimamente ligados conceptos técnicos informáticos y conceptos jurídicos. La denominación de documento electrónico o digital, no está exenta de controversia, se suele indicar que el género es el documento electrónico, que puede ser cualquier documento generado o almacenado en forma electrónica, incluyendo la imagen de documentos en soporte físico, como los documentos escaneados; por documentos digitales se entiende que son aquellos que han sido generados o creados exclusivamente mediante un medio electrónico, es decir, en un formato digital, como es el caso de los archivos de texto, hojas de cálculo, correos electrónicos y presentaciones.[36] Esta distinción técnica, desde luego, tiene consecuencias jurídicas muy interesantes; por ejemplo, un contrato firmado en soporte papel, y que es escaneado para su conservación, ¿cuál será el documento original?

Como se aprecia, la firma electrónica se crea electrónicamente, utiliza pues un soporte electrónico, se conserva electrónicamente, se recupera electrónicamente y se puede obtener su representación impresa en soporte papel.[37] Sin perder de vista

---

36 "En resumen, todos los documentos digitales son documentos electrónicos, pero no todos los documentos electrónicos son necesariamente documentos digitales, ya que los documentos electrónicos pueden incluir contenido escaneado o digitalizado". Recurso Ask AI.

37 Voz: Electrónico, ca. Perteneciente o relativo a los electrones. Voz: Electrón, partícula elemental que tiene carga eléctrica negativa y forma parte del átomo. *Diccionario Ilustrado de la Lengua Española*, Editorial Ramón Sopena, S. A., Barcelona, 1972. El *Diccionario de la Real Academia Española* señala en la voz: Electrónico, ca: 1. *adj.* Fís. Perteneciente o relativo al electrón. 2. *adj.* Perteneciente o relativo a la electrónica. 3. *adj.* Que funciona mediante la electrónica. 4. *adj.* Inform. Dicho especialmen-

que la firma electrónica es mediata, será la impresión ininteligible de la representación alfanumérica de la firma electrónica y por vía indirecta su traducción a lenguaje inteligible lo que se obtiene.

La firma electrónica —al igual que la firma autógrafa— tiene por finalidad identificar al firmante, es decir, es un medio por el que una persona exterioriza su identidad, y consecuentemente manifiesta su consentimiento con el contenido del documento electrónico. Aprueba y garantiza el documento al que se refiere o asocia dicha firma. La firma electrónica, como se mencionó, es la manifestación de la identidad de una persona por medio de un código gráfico lógicamente asociado a un documento con la finalidad de aprobar y garantizar la integridad de su contenido, todo ello en formato electrónico o digital.

Toda firma electrónica es una firma numérica, en razón de que en última instancia se procesa mediante un sistema binario para poder interactuar con un ordenador, mediante el correspondiente lenguaje de programación.

De la concreta manera en que se pueda asegurar la identidad del firmante y garantizar la integridad del documento,[38] depende la clase de firma electrónica. En el estado actual que la tecnología ofrece, se distinguen tres tipos de firma electrónica: (i) La firma electrónica simple, (ii) La firma electrónica digital y (iii) La firma electrónica avanzada.[39]

---

te de un documento: que se produce, archiva y funciona en una computadora u otro dispositivo electrónico. Documento, formato electrónico. 6. *f*. Estudio y aplicación del comportamiento de los electrones en diversos medios, como el vacío, los gases y los semiconductores, sometidos a la acción de campos eléctricos y magnéticos. *Vid*. https://dle.rae.es/electr%C3%B3nico#EVPbkNF

[38] Clasificación y ejemplos que constan en *Guide to Electronic Signatures* de la Law Society of Scotland.

[39] También llamada firma electrónica cualificada.

VI. FIRMA ELECTRÓNICA SIMPLE

Una firma electrónica simple tiene como características que se conforma de un conjunto de datos en formato electrónico, atributivos de identidad, anexados o asociados lógicamente a un documento electrónico para aprobar su contenido y garantizar su integridad.

Desde luego, la firma electrónica simple (FES) se crea o genera por el firmante como un signo de identidad digital, al aplicar un procedimiento (software), al ejecutar un comando o al realizar una acción, ambas de manera electrónica, por medio de un dispositivo electrónico (hardware), con la finalidad de manifestar su consentimiento con el contenido de un documento electrónico, es decir, su conformidad como un mensaje de datos.

Al igual que una firma autógrafa, manuscrita u olográfica, la firma electrónica simple es la manifestación exterior de la voluntad de una persona para autorizar el contenido de un documento, en este caso, en soporte electrónico.

Se puede definir a la firma electrónica simple de una persona, como un código digital que identifica al signante, puesto, anexado o lógicamente asociado a un documento electrónico con la finalidad de aprobar y garantizar la integridad de su contenido.

Como toda firma, la firma electrónica simple la genera o crea la persona, por medios que mantiene bajo su exclusivo control. En este caso, es el propio firmante el responsable de la creación, instalación o ejecución de la herramienta tecnológica utilizada para generar la firma electrónica simple.

Un ejemplo de una firma electrónica simple es el acto de poner el nombre al final del texto enviado mediante un correo electrónico. Es más, el simple hecho de enviar el correo electrónico desde una cuenta propia constituye ¡una firma electrónica simple!

Lo anterior, en razón de que, al tener instalado un programa de mensajería electrónica, por ejemplo, *Outlook*, en nuestra computadora o dispositivo móvil, constituye una herramienta para la generación de una firma electrónica simple. Al poner o escribir el nombre, desde luego que se está firmando; o incluso, al enviar el correo electrónico se genera y envía desde la dirección electrónica del remitente, quien lo está firmando. En ambos supuestos se manifiesta la autoría y conformidad con el documento electrónico enviado. Otros ejemplos o casos de uso de una firma electrónica simple son:

a) Ingresar un número de identificación personal (NIP) en cualquier dispositivo electrónico.

b) Firmar con un lápiz óptico en la pantalla de un dispositivo electrónico.

c) Hacer clic en el botón (hipervínculo), que aparece en un documento electrónico, como "Acepto", "Enviar" o se marca, es decir, se activa la casilla "Acepto los términos y condiciones".

d) Adherir electrónicamente la imagen de la firma en la versión electrónica de un documento; por ejemplo, pegar la imagen de nuestra firma en formato ".jpg" a un mensaje de datos.[40]

e) Utilizar una plataforma de servicio de firmado electrónico (*e-sign*), en razón de que la mayoría de los proveedores de este servicio ofrecen generalmente el uso de firmas electrónicas simples; o también.

f) Escanear la huella digital, rostro, iris o emisión de voz.

En todos los ejemplos anteriores, la firma electrónica simple se genera mediante medios que el firmante mantiene bajo su

---

40 "[...] *¿Qué es un archivo* JPEG? Los archivos JPG son uno de los formatos de imagen más utilizados, junto a los formatos PNG, TIFF y GIF. El formato JPG, o JPEG, recibe este nombre porque se trata de un formato desarrollado a principios de los años 90 por un grupo de fotógrafos denominado Joint Photographic Experts Group [...]". *Vid.* https://www.adobe.com/es/creativecloud/file-types/image/raster/jpeg-file.html Consultado: 24/05/2023.

exclusivo control, que son manifestación de su identidad digital, y lo identifican de un modo u otro. Como se mencionó, estos medios pueden ser: el uso de un nombre de usuario, la puesta de contraseñas o claves, la utilización de medios biométricos e incluso ingresar una clave enviada por la otra parte[41] (*vr.* el proveedor del servicio o vendedor) mediante sistema SMS (Short Message Service),[42] o bien, por cualesquiera otra clase de mensajería instantánea, como puede ser WhatsApp, Telegram, Messenger, Discord, Warpcast, etcétera.

> "Los SMS transaccionales, que son aquellos que se envían cuando sucede un evento. Por ejemplo, cuando un usuario pide recordar su contraseña, y se le envía un código de acceso (OTAC) vía SMS para verificar su identidad (2FA)".[43]

Esta firma electrónica se califica de simple, en razón de que no cuenta con un mecanismo confiable que asegure la identidad del firmante, ni que tampoco certifique o autentique de manera fehaciente la vinculación de la firma con su autor y con el documento; es decir, el firmante no se encuentra identificado por completo. Además, este tipo de firma tampoco garantiza la integridad del documento firmado. Como consecuencia, la conservación posterior del documento electrónico no confiere la presunción de atribución.

Se aprecia que la calificación de simple a este tipo de firma electrónica se debe a su estructura tecnológica que le proporciona poca fiabilidad. Las consecuencias jurídicas de un documento

---

41 "2FA" autenticación de dos factores o fases.

42 "El servicio de mensajes cortos o servicio de mensajes simples, más conocido como SMS (por sus siglas en inglés Short Message Service), es un servicio disponible en los teléfonos móviles que permite el envío de mensajes cortos (con un límite de caracteres) entre teléfonos móviles (...) Este servicio fue inventado en 1985 por Matti Makkonen, junto al sistema global para las comunicaciones móviles (Global System for Mobile Communications, GSM)". *Vid.* https://es.wikipedia.org/wiki/Servicio_de_mensajes_cortos Consultado: 13/10/2023.

43 *Vid.* https://www.auronix.com/recursos/que-es-el-sms Consultado: 13/10/2023.

electrónico signado con firma electrónica simple deben ser estudiadas tanto desde el ámbito del derecho sustantivo como desde el ámbito del derecho procesal. Adelantando ideas, se puede afirmar que su utilización otorga al documento electrónico la categoría jurídica de documento privado y produce como consecuencia un indicio de prueba de que el titular o creador de la firma electrónica simple exteriorizó su voluntad y manifestó su conformidad con el contenido del mensaje de datos. De tal manera que puede ser repudiada por su autor. El firmante puede desconocer la firma electrónica simple y trasladar la carga de la prueba a la otra parte, quien tendrá que probar que la firma electrónica simple corresponde a su contraparte. Más adelante se analizarán los efectos legales de los diferentes tipos de firmas electrónicas, incluyendo el efecto jurídico de la firma electrónica simple. Por lo pronto, se afirma que un documento firmado con firma electrónica simple, tiene el valor probatorio de una documental privada simple.[44]

Un punto importante es la manera de verificar la autenticidad de una firma electrónica simple. Si se reflexiona al respecto, tal vez sea algo similar al problema de cómo verificar una firma autógrafa, manuscrita u ológrafa puesta en un documento en soporte papel.

Se debe, en la medida de lo posible, cerciorarse que la firma electrónica simple proviene de una fuente legítima y confiable, que el mensaje de datos haya permanecido íntegro, es decir, que no haya sido alterado. Lo cual se puede lograr mediante su cotejo con el documento electrónico enviado previamente, así como verificar la fecha y hora de la firma electrónica simple, es decir, del mensaje de datos. Todo ello constituirá un indicio de la veracidad del documento electrónico autorizado con una firma electrónica simple.

Por medio de la firma electrónica simple, el signatario está manifestando que dicho mensaje de datos es la expresión gráfi-

---

[44] *Cfr.* Arts. 193, 202, 335 al 339 del Código de Procedimientos Civiles para el Distrito Federal y 261, 264, 308, 309, 319, 343 y 345 del Código Nacional de Procedimientos Civiles y Familiares.

ca de su voluntad, que consiente, reconoce y aprueba el contenido del documento electrónico al cual se encuentra asociada, el cual considera auténtico e íntegro. Es decir, la firma electrónica simple cumple con las características del concepto genérico de firma. Por tal motivo, la firma electrónica simple, es un código gráfico que identifica a su autor, puesto o lógicamente asociado a un documento con la finalidad de aprobar y garantizar la integridad de su contenido, todo ello en formato digital.

Es muy importante puntualizar que la firma electrónica simple no cuenta con herramienta alguna que certifique la identidad del firmante, ni que garantice la integridad del documento electrónico (por ejemplo, un certificado digital emitido por un tercero de confianza), por lo que su valor probatorio se traduce en un mero indicio sobre la identidad del autor de la firma electrónica simple y sobre la integridad del documento electrónico firmado.

VII. FIRMA DIGITAL

Una firma digital[45] es un mensaje de datos, que identifica a una persona o entidad, utilizado con la finalidad de aprobar y garantizar la integridad del contenido de un documento electrónico, mediante el uso de criptografía asimétrica.

Es pues, un mensaje de datos utilizado para la validación por medios electrónicos, usando la criptografía asimétrica, sobre que el firmante envió un documento en formato electrónico, con la finalidad de aprobar y garantizar la integridad de su contenido al receptor del mismo.[46]

---

45 En algunos ordenamientos jurídicos, así como parte de la doctrina, se confunde a la firma digital con la firma avanzada o confiable; esta última, como se explicará más adelante, utiliza un certificado digital para su creación. Ambas utilizan criptografía asimétrica. Por lo tanto, no se debe confundir a la firma digital con la firma digital creada por un certificado digital, la cual se denominada avanzada, cualificada o confiable.

46 *Cfr*. Baivab Kumar Jena. "Digital Signature Algorithm (DSA) in Cryptography: How It Works & More".

Desde luego, la firma digital es un mensaje de datos, pues constituye un documento electrónico en sí mismo. Dicho mensaje de datos se adjunta o se asocia lógicamente a otro mensaje de datos; es decir, se asocia o adjunta al documento electrónico que se desea aprobar, autorizar o consentir. Puede decirse que la firma digital está conformada por el documento que se firma en un formato encriptado (ininteligible).

En las notas explicativas de la Convención de las Naciones Unidas sobre la Utilización de las Comunicaciones Electrónicas en los Contratos Internacionales, elaborada por la Secretaría de la Comisión de las Naciones Unidas para el Derecho Mercantil Internacional (CNUDMI), en su Título IV, "Observaciones artículo por artículo", Capítulo III. "Utilización de Comunicaciones Electrónicas en los Contratos Internacionales", Artículo 8o. "Reconocimiento jurídico de las comunicaciones electrónicas", Apartado 6. "Requisitos de firma", Párrafo 150 "Concepto y tipos de firmas electrónicas", se señala lo siguiente: "[...] Las firmas electrónicas pueden adoptar la forma de 'firmas numéricas o digitales' basadas en criptografía de clave pública, y a menudo generadas en el marco de una 'infraestructura de clave pública' [...]".[47]

Por lo que se puede afirmar que la firma digital es el mensaje de datos utilizado como medio de identidad electrónico, con la finalidad de aprobar y garantizar la integridad de un documento electrónico, mediante la utilización de una infraestructura de llave pública (PKI).[48]

https://www.simplilearn.com/tutorials/cryptography-tutorial/digital-signaturealgorithm#:~:text=DSA%20stands%20for%20Digital%20Signature,key%20held%20by%20the%20receiver.

47 *Vid.* https://uncitral.un.org/sites/uncitral.un.org/files/media-documents/uncitral/es/06-57455_ebook.pdf. Dicha convención no ha sido aprobada por los Estados Unidos Mexicanos.

48 Public Key Infraestructure (PKI), infraestructura de llave pública. ES importante recordar que la infraestructura es la estructura que sirve de sustentación a otra. *Vid.* concepto de infraestructura en Google IA.

La criptografía asimétrica fue desarrollada con la finalidad de garantizar la seguridad de las comunicaciones electrónicas en un medio no seguro, como lo es internet. Su desarrollo es fascinante y el gran salto en esta materia se debe a Whitfield Diffie y Martin E. Hellman con la publicación, el 6 de noviembre de 1976, de su algoritmo de llave pública.[49] Posteriormente, el 27 de abril de 1978, Ronald Linn Rivest, Adi Shamir y Leonard Adleman, publicaron su trabajo intitulado: "A method for Obtaining Digital Signatures and Public-Key Cryptosystems";[50] el famoso algoritmo RSA había nacido. Por su parte, el National Institute of Standards and Technology de Estados Unidos (NIST), el 30 de agosto de 1991,[51] propuso el Digital Signature Algorithm (DSA), que fue considerado como el estándar[52] de firma digital. Actualmente, se utilizan preponderantemente el algoritmo RSA o el Elliptic Curve Digital Signature Algorithm (ECDSA) como algoritmos para la generación de firmas digitales; el DSA se sigue utilizando por diversas instituciones tanto públicas como privadas, sobre todo por motivos de compatibilidad (Digital Signature Standar, DSS).

La fiabilidad y popularidad de la firma digital, se debe a que utiliza criptografía asimétrica en su diseño y funcionamiento.

---

[49] *Vid.* https://web.archive.org/web/20141129035850/https://ee.stanford.edu/%7Ehellman/publications/24.pdf

[50] *Vid.* https://web.archive.org/web/20070127130201/http://theory.lcs.mit.edu/~rivest/rsapaper.pdf

[51] Las firmas digitales también pueden utilizar otros algoritmos criptográficos; por ejemplo, el Edwards-curve Digital Signature Algorithm (EdDSA), el esquema de firma ElGamal o el Hash-based Message Authentication Code (HMAC). *Vid.* Chat & Ask AI.

[52] "Digital Signatures Algorithm is a FIPS (Federal Information Processing Standard) for digital signatures. It was proposed in 1991 and globally standardized in 1994 by the National Institute of Standards and Technology (NIST). It functions on the framework of modular exponentiation and discrete logarithmic problems, which are difficult to compute as a force-brute system". *Vid.* https://www.simplilearn.com/tutorials/cryptography-tutorial/digital-signature-algorithm#:~:text=DSA%20stands%20for%20Digital%20Signature,key%20held%20by%20the%20receiver

Utilizando dicha estructura se crean dos llaves asimétricas, es decir, un par de llaves, las cuales se encuentran matemáticamente relacionadas y vinculadas entre sí unidireccionalmente. Esto es, de la llave privada (SK)[53] se genera la llave pública (PK),[54] pero de la llave pública no se puede deducir la llave privada o viceversa.

Por ejemplo, en el algoritmo de firma digital RSA,[55] de la llave pública se genera la llave privada, pero de la llave pública no puede deducirse la llave privada y viceversa.[56] El algoritmo RSA se fundamenta primordialmente en la factorización de números primos muy grandes, lo que confiere una gran seguridad informática a la firma digital, en efecto, por el estado actual de la tecnología, es prácticamente improbable encontrar los dos factores primos que en el citado algoritmo se identifican como "p" y "q". La ingeniería inversa es imposible y forzarla es muy costosa al requerir mucho tiempo y poder computacional para encontrar el número primo que origina la encriptación en este algoritmo.[57]

En la generación de la firma digital, como se ha visto, se utiliza la llamada infraestructura de llave pública y llave privada.[58] Dichas llaves se crean, mediante un programa de firmado

---

53 Secret Key (SK).

54 Public Key (PK).

55 Algoritmo Rivest, Shamir, Adleman. El algoritmo "RSA", comentado en el texto, el cual tiene más usos, como el cifrado de comunicaciones electrónicas. *Cfr.* https://es.wikipedia.org/wiki/DSA.

56 La llave privada (e) debe satisfacer: $e * d \equiv 1(\text{mod } (p - 1) * (q - 1)$, en el método propuesto por R. L. Rivest, A. Shamir y L. Adleman. *Cfr.* https://dl.acm.org/doi/10.1145/359340.359342.

57 Una descripción detallada del algoritmo RSA puede encontrarse en https://repositorio-uapa.cuaieed.unam.mx/repositorio/moodle/pluginfile.php/2176/mod_resource/content/4/contenido/index.html.

58 Los términos llave o clave se utilizan en forma indistinta. El término llave ilustra el cierre o la apertura de un mecanismo, se refiere a una herramienta, instrumento o medio indispensable para la consecución de un fin y el término clave ilustra las reglas que son necesarias para entender lo que se encuentra cifrado, se refiere al método que debe seguirse para obtener la explicación o comprensión de una notación. Por mi afición,

digital que utiliza criptografía matemática avanzada. La llave pública, como su nombre lo indica, debe ser conocida por el receptor de la firma digital (la persona o entidad que la solicitó) e incluso se puede publicitar *erga omnes*. Se puede decir que no importa quién la conozca o tenga acceso a ella, ya que para eso está diseñada, para ser conocida por todos. ¡Ese es el grado de seguridad que tiene la infraestructura de clave pública!

Como ya se explicó, ambas llaves[59] pública (PK) y privada (SK), se encuentran íntimamente ligadas o asociadas matemáticamente. Ambas se crean a través del correspondiente algoritmo criptográfico que se esté utilizando y tienen, como se comentó, la característica de ser unidireccionales, es decir, no hay forma de obtener o deducir de la llave pública la llave privada, esta propiedad es la que otorga a la firma digital un alto grado de seguridad y de atribución, el poder computacional que se requiere para romper la unidireccional y la criptografía[60] es altísimo.

Es oportuno señalar que la firma digital de una persona o entidad siempre cambia, nunca es la misma. Lo anterior, se debe a la estructura criptográfica empleada, la cual genera una versión cifrada, generalmente numérica, del documento electrónico que se firma, lo que se explicará mediante un sencillo ejemplo más adelante.

La llave privada se utiliza para encriptar la firma y la llave pública se utiliza para desencriptarla. Por esta razón, la llave pública

---

me gusta ejemplificar el término clave en su uso en la música cifrada. *Cfr.* voz: "Llave" y "Clave" en el *Diccionario de la Real Academia Española*, el cual puede consultarse en: https://dle.rae.es

59 El término fue tomado del inglés: Key. Como nombre propio, en su segunda acepción, significa "a thing that makes you able to understand or achieve something". *Cfr.* "Key" en https://oxfordlearnersdictionaries.com. Consultado: 07/04/2024.

60 *Vid.* Criptografía en Google IA: "La criptografía es una práctica que consiste en proteger información mediante el uso de algoritmos codificados, hashes y firmas. Es el conjunto de técnicas de cifrado y alteración lingüística de determinados mensajes para hacerlos inaccesibles a receptores sin autorización". Consultado: 07/04/2024.

puede y debe ser conocida por la persona destinataria o incluso por cualquier persona, dependiendo del supuesto en el que se encuentre el uso de la firma digital. Esa es la razón de que se denomine *Public-key* (PK). A diferencia, la llave privada únicamente debe ser conocida por su titular. Por eso se afirma, que la llave privada es y debe ser secreta. Nunca debe ser compartida, jamás debe hacerse pública, a riesgo de comprometer la firma digital, de ahí su denominación como *Secret-key* (SK). Revelar la llave privada es tanto como firmar un documento en blanco. Permitir que un tercero utilice la llave privada implica la autorización o facultamiento a ese tercero a firmar en nombre del titular de la firma digital, con las consecuencias legales que esto implica.[61]

Del concepto de firma digital, antes propuesto, cobra relevancia que su grado de fiabilidad se encuentre en relación directa e inmediata por el uso de la criptografía asimétrica. Sus consecuencias jurídicas son muy interesantes, sobre todo, en la materia probatoria. Mediante ella, se evita que una persona desconozca el documento que firmó y envió por medios electrónicos; lo que suele llamarse el principio de no repudio. Por otro lado, la persona que recibe el mensaje de datos tiene la seguridad de que el documento electrónico firmado digitalmente proviene del emisor o remitente del mismo; es el principio de identidad y atribución del firmante. Asimismo, la firma digital garantiza que cualquier alteración del documento electrónico sea detectable. Una vez firmado digitalmente se puede detectar cualquier modificación que sufra el documento electrónico. Si el firmante modifica el documento electrónico firmado digitalmente, éste no coincidirá con el documento electrónico cuya firma se solicitó. Si el receptor, es quien modifica el documento electrónico, éste no coincidirá con el documento firmado digitalmente. Y desde luego, cualquier modificación o alteración en tránsito, imputable a un tercero malicioso, también será detec-

---

61 Se utilizó el verbo "facultar" y la frase "en nombre de". ¿Cuál es la naturaleza jurídica del acto por el cual se comparte y autoriza a determinada persona el uso de una llave privada?

tada al no coincidir el documento electrónico firmado digitalmente con el documento electrónico cuya firma se solicitó. A lo anterior se le suele llamar el principio de integridad. Cualquier modificación, por pequeña que sea, que se realice al documento en su versión definitiva será detectable por el algoritmo de cifrado asimétrico al momento de la verificación de la firma digital que haga el receptor del documento firmado.

Es pues, la firma digital una herramienta tecnológica que garantiza la identidad del firmante y la integridad del documento electrónico firmado, lo que se puede resumir, en una palabra: autenticidad. Todo ello clarifica la importancia de la firma digital en las transacciones electrónicas. Como es de conocimiento público, el uso de la firma digital en el comercio electrónico y, en general, en las transacciones realizadas en internet se encuentra ampliamente difundido. Uno de los usos más populares y representativos de la firma digital, es la firma de transacciones en la red *blockchain* de bitcoin.[62]

La función de la llave privada (SK) en la firma digital es cifrar el valor *hash* obtenido del documento electrónico que se pretende firmar, lo cual arroja un valor encriptado con una extensión predefinida,[63] ese valor es la firma digital. Por su parte, la llave pública (PK) tiene la función de desencriptar el valor obtenido, es decir, la firma digital. Todo ello, para comparar si los valores obtenidos son iguales, caso en el cual la firma digital será auténtica. Si los valores no coinciden la firma digital no será auténtica.[64]

---

62 Como afirmé en la publicación de este trabajo en diversos foros y redes sociales: "Divisa: es una moneda extranjera (es decir, tiene curso legal en un determinado país). Bitcoin (BTC) es moneda de curso legal en El Salvador y en República Centroafricana. Luego Bitcoin (BTC) es una divisa".

63 "[...] Por ejemplo, en RSA de 2048 bits, las claves tendrían 617 dígitos [...]". *Vid.* https://www.veritas.com/es/mx/information-center/rsa-encryption#:~:text=El%20cifrado%20RSA%20permite%20a,una%20clave%20privada%20puede%20descifrarlo.

64 Posteriormente, se analizará el efecto jurídico: ¿existencia o inexistencia? o ¿validez o nulidad?

Por medio de la firma digital es factible atribuir la firma del documento al signante-emisor, detectar cualquier alteración o modificación que pueda sufrir la firma digital (documento electrónico), así como la modificación o alteración del documento electrónico cuya firma se solicitó, durante su envío, recepción y conservación, debido a cualquier intervención, incluida la de un tercero mal intencionado. Como consecuencia de lo anterior, y por el uso de la llave pública (PK), el receptor tiene la certeza de que el documento electrónico firmado digitalmente (mensaje de datos) proviene del emisor titular de la firma digital y que el documento electrónico cuya firma se solicitó no fue modificado, sino que se encuentra en la misma forma definitiva en la que se generó.

A continuación, se verá el funcionamiento de esta arquitectura matemática de criptografía asimétrica, denominada Public Key Infraestructure (PKI), mediante un ejemplo muy simple, pero ilustrativo.

Ejemplo:

Ana desea firmar digitalmente un documento electrónico que enviará por correo electrónico a Beto. Ambas partes tienen como finalidad al utilizar una firma digital:

1°. Acreditar la identidad de Ana como la remitente del documento electrónico.

2°. Acreditar que Ana manifestó su consentimiento con el contenido del documento electrónico; y

3°. Asegurarse de la integridad del documento electrónico[65] firmado digitalmente.

En efecto, la utilización de la firma digital, constituye un mecanismo o herramienta fiable de firmado. Ana, utilizando el programa correspondiente de infraestructura de llave pública (PKI), generará un par de llaves asimétricas: una pública (PK) y

---

[65] Un documento electrónico es un mensaje de datos y, por "mensaje de datos", se entiende la información generada, enviada, recibida o archivada o comunicada por medios electrónicos, ópticos o similares. *Cfr.* Art. 2o, inciso c) de Ley Modelo de la CNUDMI sobre las Firmas Electrónicas.

una privada (SK). Por lo tanto, los datos para la creación de la firma corresponden exclusivamente a ella como firmante.[66]

Ana con su llave privada (SK) cifrará la representación numérica del documento electrónico que se le solicita firmar. Es decir, ella tiene bajo su exclusivo control los datos de creación de la firma digital. El resultado de aplicar el algoritmo de cifrado al documento electrónico, cuya firma se solicita, origina un nuevo documento electrónico, que se denomina: firma digital (principio de identidad y atribución).

De tal suerte que Beto tiene la garantía de que Ana no podrá negar que dicho mensaje de datos fue firmado digitalmente por ella, es decir, no lo podrá desconocer. Y no lo puede desconocer, porque la llave pública (PK) que utilizará Beto para verificar la firma digital de Ana está ligada y atribuida indefectiblemente a la llave privada (SK) de Ana (principio de no repudio).

Beto utilizando la llave pública (PK) de Ana verificará la firma digital, por lo que puede detectarse cualquier alteración de la firma digital (documento electrónico) hecha después del momento de la firma (principio de integridad de la firma digital).

Asimismo, Beto tendrá la seguridad de que Ana ha manifestado su consentimiento con el contenido del documento electrónico al ser atribuida la firma digital a Ana (principio de atribución).

Por su parte, Ana tendrá la certeza de que Beto recibirá el documento electrónico cuya firma fue solicitada tal y como fue generado, y Beto tendrá la garantía de que recibió el documento tal y como fue enviado por Ana, en razón de que cualquier modificación del mismo puede ser detectada por el algoritmo de firma digital (principio de integridad del documento electrónico cuya firma fue solicitada).[67]

---

66 Por lo general, el ingreso al programa de firmado digital se realiza mediante la utilización de un *password* y/o contraseña, lo que atribuye el método de creación y el control del mismo a su titular.

67 *Vid.* Art. 97 del Código de Comercio.

Como se puede observar la infraestructura de llave pública otorga autenticidad al documento firmado digitalmente.

1. Generación de llaves criptográficas asimétricas

Para lograr lo anterior, lo primero que tiene que hacer Ana,[68] utilizando el programa de infraestructura de llave pública (PKI) correspondiente, es generar un par de llaves criptográficas asimétricas, es decir, una llave privada (SK) y una llave pública (PK). Para hacerlo puede utilizar cualquiera de los algoritmos de firma digital que utilizan la infraestructura de llave pública (PKI); por ejemplo: el algoritmo DSA o el algoritmo RSA.

Ana le proporciona su llave pública (PK) a Beto, quien es el receptor (*receiver*), o bien, le permite el acceso a su llave pública mediante una aplicación diseñada al efecto. Generalmente, la llave pública se comparte adjuntándola en el archivo del documento firmado digitalmente. Dicho archivo se encuentra, a su vez, adjuntado o lógicamente asociado al archivo en texto simple o plano (*plain text*) del documento electrónico que se solicitó firmar.[69] El documento electrónico cuya firma se solicita puede o no ir encriptado. En este ejemplo se maneja el supuesto de que el documento electrónico (mensaje de datos), que se solicita firmar, no se encuentra encriptado, sino que se comunica en texto simple o plano (*plain text*) en un archivo con formato .txt.

---

68 Ana es la firmante, denominada en el lenguaje tecnológico emisor (*sender*).

69 La llave pública, también se puede compartir mediante el uso de repositorios de claves públicas como OpenPGP, Keybase.io, o bien, por otros medios de mensajería instantánea. Lo anterior se debe a que la infraestructura de llave pública (PKI) del algoritmo RSA, se utiliza además para comunicaciones seguras a través del cifrado de datos; para intercambio de claves como en el protocolo TLS/SSL y autenticación de software. A diferencia del algoritmo DSA, que únicamente sirve para generar firmas digitales.

Suponiendo que el programa (PKI) utiliza el algoritmo RSA de 512 bits,[70] al activarlo Ana, se generará la llave privada, la cual se puede representar en este formato:

-----BEGIN RSA PRIVATE KEY-----

MIICWwIBAAKBgQCgVX2p9Y5rQUkLDYNGsxPMp
JEiRrStNgSaQhwp//eo3jGGhgAw

JgwvRBTQil8Fp8l263NlBHbkfBaddl/kxsS/az1YPj2bQB6p
F3Un9jimGBNZ685p

ToavFJvsnmSTyCVcJHe8MYZAAEzYJJw5d+FAEvhXe1iD
5EJB+CBmVCJxMwIDAQAB

AoGARunI7LT4yqNTZRoS5+Aob6iRsHFJVBrCKl/
3CPR3Wy77BJ6b0q/hT75y3lF0

+ZFeX8R/gzxYQXJIplhGzW7EcZoGiGY8WtHz0jl+LmjC
v+YTYXXpsMEmjTpWpjoC

4R6gkvMNhloIBkwxzHoQdb5AncyelAFCQKi8HDrB8Uuq
m3ECQQDNxYoEs3iixv/X

CRmQnX3HNWkaoX2x1/ECXsqG5lDcajRvFLaQVjSHn
yUL9EzW5GbL8yTNQjmfB2p/

fiRYPMhlAkEAx3iYv/0v7ip1SoWrYi/PMfrBGJRjb2YkL
V8PZdJrQFxOBj89l5fM

aPmBmpT0iTEG38pRwH2JAM/BfWtONfDdtwJALjOrcLD
HZm0eJq8xYUorYp44cjVO

Xq8ouyqDeNSf1U23ZjWVZEUm2EjAbbW1xw5TknmOi
tPS0kU9AVFWYcWMDQJABr6l

K5i8DimRXbu3V9KWBvKbpOEfm5ywjHgyZRcAWWTFn
qB0zLNtTf9hyoBO5HSr7tVA

fmnAQC7GNB90vY4vcQJAKoo8+2ipskEo6aIE+iI9qCNJE
q2IYeomqW0rh41wM5nC

dCgxr6rLvJxId6AXiBI62Jbph7CDtdmyQVUc0lTxyw==

-----END RSA PRIVATE KEY-----

Asimismo, el algoritmo RSA, de la llave privada, generará la llave pública, la cual se representa con el siguiente formato:

---

70 Es decir, tendrá como parámetro una extensión de 512 bits. Es oportuno señalar que por seguridad se acostumbra utilizar el algoritmo RSA 2048, el que tiene una extensión de 2048 bits.

-----BEGIN PUBLIC KEY-----

MIGfMA0GCSqGSIb3DQEBAQUAA4GNADCBiQKBgQCgVX2p9Y5rQUkLDYNGsxPMpJEi

RrStNgSaQhwp//eo3jGGhgAwJgwvRBTQil8Fp8l263NlBHbkfBaddl/kxsS/az1Y

Pj2bQB6pF3Un9jimGBNZ685pToavFJvsnmSTyCVcJHe8MYZAAEzYJJw5d+FAEvhX

e1iD5EJB+CBmVCJxMwIDAQAB

-----END PUBLIC KEY-----[71]

La generación del par de llaves, privada y pública, parte de la utilización de datos aleatorios. En el caso del algoritmo RSA la creación del par de llaves se fundamenta en la factorización de números primos muy grandes para crear el juego de llaves.[72]

Como se aprecia, Ana mantuvo bajo su exclusivo control el dispositivo mediante el cual generó su par de llaves criptográficas (software de creación de llaves asimétricas).

2. *Creación de la firma digital: función hash*

A continuación, el programa de firma digital que utiliza Ana, aplicará al documento electrónico original cuyo firmado le solicitó Beto una función hash. Dicho documento del ejemplo, es un documento simple o plano (archivo .txt), es decir, no está encriptado.

Hash es el nombre que recibe la función criptográfica que utiliza un algoritmo matemático, que transforma un conjunto arbitrario de datos de cualquier extensión o longitud en una serie de caracteres con una longitud fija predeterminada al efecto. Esto quiere decir que, sin importar el tamaño o longitud de los

---

71 Estoy utilizando la didáctica herramienta https://es.khanacademy.org/computing/ap-computerscienceprinciples/x2d2f703b37b450a3:online-datasecurity/x2d2f703b37b450a3:data-encryption/a/public-key-encryption. Consultado: 03/04/2024.

72 Resulta interesante la manera en que se generan "aleatoriamente" el par de números primos, sin embargo, su explicación excede el presente trabajo.

datos que se ingresen (datos de entrada), siempre se obtendrá un valor de salida de una longitud fija (previamente determinada en el programa que se esté utilizando).[73]

La función criptográfica hash es determinista, esto significa que el mismo conjunto de datos ingresados (datos de entrada), siempre producen el mismo valor hash (datos de salida).[74] También, es resistente a colisiones, es decir, que dos datos diferentes de entrada (dos documentos o mensajes de datos distintos), jamás pueden producir el mismo valor hash (datos de salida). Además, es unidireccional, la función hash es en un solo sentido, no hay forma de obtener los datos de entrada del valor de salida. Del valor hash obtenido es imposible obtener el documento original (dato de entrada).

La función criptográfica hash, también se conoce como función de resumen, *digest* o extracto. El rango de salida se conoce como valor hash o huella digital de los datos de entrada.[75]

Actualmente se utiliza el Algoritmo de Hash Seguro (SHA), en su variante SHA2-256, el cual, como se desprende de su nombre, tiene una extensión de 256 bits.[76] El valor hash obtenido se conoce como: el resumen del documento; *digest* del documento; valor hash, número hash o hash del documento. Este valor hash se define como la huella digital del documento electrónico que se desea firmar. La huella digital, como se comentó, tendrá la longitud predefinida por el algoritmo hash utilizado.

---

73 *Vid.* Función hash en https://es.wikipedia.org/wiki/Funci%C3%B3n_hash

74 *Cfr.* Brian Donohue, ¿Qué es un hash y cómo funciona? en https://latam.kaspersky.com/blog/que-es-un-hash-y-como-funciona/2806/ Consultado: 02/04/2024.

75 *Vid.* Función hash en https://es.wikipedia.org/wiki/Funci%C3%B3n_hash Consultado: 02/04/2024.

76 Existió el SHA-0, el cual fue sustituido por el SHA-1. Posteriormente se instrumentó el SHA-2, que tiene cuatro variantes según el número de bits de salida, son SHA2-224, SHA2-256, SHA2-384 y SHA2-512, la longitud de la cadena de salida se traduce en una mayor seguridad en las comunicaciones digitales. *Vid.* Alberto López, "Criptografía: qué son los algoritmos hash y para qué se utilizan", en https://www.redeszone.net/tutoriales/seguridad/criptografia-algoritmos-hash/ Consultado: 02/04/2024.

Dicha longitud no variará, siempre tendrá la misma longitud o extensión, sin importar el tamaño, longitud o extensión del mensaje de datos o documento electrónico (datos de entrada) a los cuales se les aplica la función hash.

Para comprender cómo funciona esta huella digital, se aplicará a la palabra "HOLA"[77] una función hash.

Mediante la utilización del programa[78] correspondiente, se escribe la palabra (dato de entrada):

HOLA

Y se obtiene la huella digital del mensaje de datos "HOLA", consistente en el siguiente valor hash de 64 caracteres (dato de salida):

> 73c3de4175449987ef6047f6e0bea91c1036a8599b43113b3f990104ab294a47

Pero, ¿qué sucederá si cambia una letra de la palabra HOLA? Por ejemplo, se escribe la palabra de esta manera (dato de entrada):

HOLa

Al aplicar la función hash, se obtiene un valor también con una extensión de 64 caracteres, pero completamente distinto (dato de salida):

> ef8ae3b674ab668dce6fe9844f848710be3e3b8ab664847750de9f05f2b97a46

---

77 No está por demás insistir en que todo este proceso sucede digitalmente, se escribe la palabra HOLA en una computadora, es decir, se crea un mensaje de datos. El correspondiente software muestra en la pantalla las letras tecleadas para el entendimiento, pero al mismo tiempo las está traduciendo en sistema binario, para que dicha información pueda ser procesada electrónicamente por la computadora u ordenador (la información puede ser cualquier texto e incluso puede ser una imagen, video o música).

78 Se utilizó la herramienta https://codebeautify.org/sha256-hash-generator. Para el lector interesado en *blockchain, vid.* https://forks.fun/#/blockchain/hash

Hay que observar cómo la huella digital lograda es completamente distinta. Para la palabra HOLA es:

> 3c3de4175449987ef6047f6e0bea91c1036a8599b43113
> b3f990104ab294a47,

y para la palabra HOLa es:

> ef8ae3b674ab668dce6fe9844f848710be3e3b8ab664847750
> de9f05f2b97a46.

Claramente se aprecia que cualquier alteración del texto, por pequeña que sea (una letra, un signo, un espacio e incluso un bit), origina un valor hash completamente distinto, pero de la misma longitud; en el ejemplo: 64 caracteres. La huella digital, es decir, el valor hash de cada uno de los dos documentos es completamente diferente, pero de la misma extensión. Utilizando la misma herramienta, se ingresan las 381,104 palabras que contiene la famosa novela de Miguel de Cervantes Saavedra: *El ingenioso hidalgo don Quijote de la Mancha*[79] y el valor hash resultante tendría una longitud exacta de 64 caracteres y cualquier modificación al texto ingresado, arrojaría un dato de salida completamente distinto, esa es la manera en que opera la función hash.

La garantía de fiabilidad de la función hash consiste en ese determinismo: una misma entrada, siempre produce la misma salida. Esto quiere decir que la misma palabra, frase o texto, siempre arrojará el mismo valor hash, o sea, la misma huella digital. Además, la función hash es unidireccional, esta característica consiste en que del valor hash, no puede deducirse la palabra, frase o texto al cual se le aplicó. Actualmente, por los niveles de seguridad requeridos en las comunicaciones en internet, se utiliza la función Secure Hash Algorithm-256 (SHA-256), el cual produce una cadena de 256 bits. Aunque, desde luego, esta extensión variará, seguramente, muy pronto por los

---

[79] *Vid.* https://www.solosequenosenada.com/2009/06/01/cuantas-palabras-tiene-el-libro-don-quijote-de-la-mancha-de-cervantes/

requerimientos de seguridad en las comunicaciones electrónicas, que avanzan a pasos agigantados.[80]

3. *Creación de la firma digital: cifrado de la huella digital o* digest

Posteriormente, el programa, utilizando la correspondiente llave privada de Ana, realizará el cifrado de la huella digital (valor hash o *digest*) del documento electrónico original,[81] y el resultado será la firma digital de Ana. Dicha firma digital es una cadena de una extensión predefinida de signos ilegibles o una cadena alfanumérica, dependiendo del algoritmo de firmado digital que se esté utilizando, por ejemplo:

Huella digital (valor hash o *digest*) del documento electrónico en archivo .txt consistente en la palabra HOLA:

> 73c3de4175449987ef6047f6e0bea91c1036a8599b43113b-3f990104ab294a47

Resultado de aplicar el algoritmo de infraestructura de llave pública RSA, arroja la firma digital del documento electrónico, representada de esta manera:

> nJsXHNFmL+hQ3CdSR/Bk3aC31aRqzF4jGmBx1Qzbct7f
> XgWmI+1XCCCKbR/qKzZz/PXwMmEURwj+i9eLi0
> sRfKawP4QOd82jRfpif+DQgvduh+AdWUS0gnFjHu476CP
> j9dAOcEz3v+nQgmG49tdo53PT4udDxHF/P0odY6JxO6Y=

Como se aprecia, Ana mantuvo bajo su exclusivo control el dispositivo mediante el cual creó su firma digital (software de firmado digital).

---

80 “El algoritmo de hash SHA-256 genera un resumen de mensaje de 256 bits de longitud, como su nombre indica. Esto significa que el hash resultante tendrá una longitud de 256 bits, lo que equivale a 32 bytes o 64 caracteres hexadecimales (cada byte se representa por dos caracteres hexadecimales)”. Recurso Chat & Ask AI.

81 El valor hash o *digest* es el resumen o huella digital del documento electrónico que se desea firmar, es decir, el mensaje de datos que se autorizará digitalmente.

La firma digital creada mediante la criptografía de llave pública (PKI) siempre será distinta, es decir, cada vez que un mismo signatario firme un documento con su correspondiente llave privada, cada documento electrónico tendrá una firma digital distinta, pero siempre atribuible al signatario, por el uso de su llave pública. Será distinta, porque la firma digital se origina por la utilización del cifrado asimétrico, como lo es el algoritmo RSA.

Se afirma que una característica de la firma autógrafa es que es un trazo que identifica a una persona, en razón de que dicha persona utiliza el mismo trazo para firmar documentos. El que dicho trazo sea utilizado habitualmente por una persona para autenticar documentos, es lo que hace a la firma autógrafa atribuible a dicha persona. A diferencia de la firma digital, en la que esto no sucede de esa manera. La firma digital de un documento electrónico, por parte de una persona, siempre será diferente respecto de cada documento firmado por ella, pero como consecuencia de la infraestructura de llave pública (PKI) siempre será atribuible al titular de la llave privada.

Conforme a lo anterior, válidamente surge el cuestionamiento respecto del requisito que una firma manuscrita debe cumplir para considerarla atribuible a una determinada persona. ¿El firmante debe signar con el trazo que habitualmente utiliza? ¿Bastará que dicho trazo sea puesto de su puño y letra, aunque sea distinto al que habitualmente utiliza?

De la respuesta a dichas interrogantes, dependerá que se considere a la firma digital como una herramienta sustituta de la firma autógrafa, es decir, como un procedimiento mediante el cual se consigue la misma finalidad que origina el uso de una firma autógrafa, y en este supuesto el ordenamiento jurídico deberá reconocer que dicha firma digital tiene una función equivalente a la de una firma autógrafa o manuscrita (principio de equivalencia funcional). O bien, que se considere que la firma digital es un tipo de firma atribuible y en consecuencia productora de efectos jurídicos por sí misma.

4. *Envío del archivo conteniendo el documento electrónico original y el archivo de la firma digital*

Una vez generada la firma digital (documento electrónico), con la cual se autenticó el documento electrónico cuya firmado fue solicitado, se está en aptitud de enviarlo por un medio electrónico no seguro. Para estos efectos, Ana utilizando un programa de correo electrónico, adjunta al mismo el archivo del documento electrónico original cuyo firmado se le solicitó, en el ejemplo, es un archivo de texto simple o plano: .txt,[82] y también adjunta el archivo que contiene la firma digital (documento electrónico).[83] Es de advertir, que el documento original (archivo .txt), aquel cuya firma se solicitó, no va encriptado. Se insiste, lo que se encuentra cifrado o encriptado es la firma digital (la cual se integra por un valor que resulta de aplicar la llave privada al valor hash del documento electrónico original). Por lo tanto, Ana envía electrónicamente dos archivos: el archivo del documento electrónico original cuyo firmado se le solicitó y el archivo de la firma digital (documento electrónico).

5. *Recepción del archivo conteniendo el documento electrónico original y el archivo de la firma digital*

Beto recibe el correo electrónico que le envió Ana y que contiene los archivos del documento electrónico cuyo firmado se solicitó, el cual va en un archivo .txt (es decir, en texto simple o *plain text*) y el archivo de la firma digital.

---

82 "Un archivo de texto simple [...] en inglés 'plain text', es un archivo informático que contiene únicamente texto formado solo por caracteres que son legibles por humanos y carece de cualquier tipo de formato tipográfico [...] Estos archivos están compuestos de bytes que representan caracteres ordinarios como letras, números y signos de puntuación (incluyendo espacios en blanco)". *Vid.* https://es.wikipedia.org/wiki/Archivo_de_texto

83 La firma digital tiene la extensión correspondiente al código utilizado, *vr.* .pen. También se almacenan en archivos especializados como PKCS#7, CMS (Cryptographic Message Syntax).

6. Desencriptado de la firma digital

Lo primero que tiene que hacer Beto, utilizando el programa correspondiente, es desencriptar la firma digital utilizando la llave pública de Ana.

En el ejemplo, la firma digital es:

nJsXHNFmL+hQ3CdSR/Bk3aC31aRqzF4jGmBx1Qzbct7f
XgWmI+1XCCCKbR/qKzZz/PXwMmEURwj+i9e
Li0sRfKawP4QOd82jRfpif+DQgvduh+AdWUS0gnFjHu
476CPj9dAOcEz3v+nQgmG49tdo53PT4udDxHF/P0odY
6JxO6Y=

La cual se desencripta utilizando la llave pública de Ana. Hay que tener presente que Ana pudo compartir su llave pública a Beto con anterioridad a que se le solicitara firmar digitalmente el documento, o bien, la envió en forma conjunta con la firma digital; incluso la pudo compartir a través de un repositorio. En el ejemplo, esta es la llave pública de Ana:

-----BEGIN PUBLIC KEY-----

MIGfMA0GCSqGSIb3DQEBAQUAA4GNADCBiQKBgQCg
VX2p9Y5rQUkLDYNGsxPMpJEi

RrStNgSaQhwp//eo3jGGhgAwJgwvRBTQil8Fp8l263NlBH
bkfBaddl/kxsS/az1Y

Pj2bQB6pF3Un9jimGBNZ685pToavFJvsnmSTyCVcJHe8
MYZAAEzYJJw5d+FAEvhX

e1iD5EJB+CBmVCJxMwIDAQAB

-----END PUBLIC KEY-----[84]

El software correspondiente desencripta la firma digital (documento electrónico) utilizando la llave pública y como resultado obtenemos un valor hash. Este valor hash que se obtiene es

---

[84] Se utilizó la herramienta https://es.khanacademy.org/computing/ap-computer-science-principles/x2d2f703b37b450a3:online-data-security/x2d2f703b37b450a3:data-encryption/a/public-key-encryption. Consultado: 03/04/2024.

la huella digital del documento electrónico original cuya firma se solicitó.

Como resultado de la desencriptación de la firma digital, mediante el uso de la llave pública de Ana, se obtiene el siguiente valor hash, *digest* o huella digital:

> 73c3de4175449987ef6047f6e0bea91c1036a8599b
> 43113b3f990104 ab294a47

Beto al desencriptar la firma digital obtiene el valor hash, *digest* o huella digital del documento electrónico original cuya firma le solicitó a Ana. Habrá que tener presente que el valor hash, *digest* o huella digital, se obtuvo de aplicar el algoritmo SHA-256 al documento electrónico a firmar (archivo .txt).

En este momento, Beto tiene la seguridad de que la firma digital (documento electrónico) proviene de Ana y además tiene la certeza de que fue firmado digitalmente por ella. La firma digital es atribuible a Ana, en razón, de que la llave pública se encuentra ligada unidireccionalmente a su llave privada. Si Beto utiliza otra llave pública, que no es la proporcionada por Ana, no podrá desencriptar la firma digital de Ana. Si se utilizó una llave privada que no es la de Ana para firmar digitalmente el documento electrónico, su llave pública no servirá para desencriptar dicho documento electrónico, por la sencilla razón de que no fue firmado con la llave privada de Ana.

Hay que destacar que el uso de la infraestructura de llave pública (PKI), permite detectar cualquier modificación que haya sufrido el documento electrónico con posterioridad a que se generó en forma definitiva; esto se logra mediante la utilización del algoritmo hash. Como se ha comentado, cualquier modificación, por pequeña que sea al documento electrónico, origina un valor hash distinto. Por lo tanto, si el documento electrónico ha sido alterado, la llave pública de Ana no podrá desencriptarlo, arrojando como resultado que la firma digital no es correcta.

Las consecuencias del cifrado con la llave privada y el descifrado con la correlativa llave pública son: que la firma digital es atribuible a Ana y que ella no podrá repudiarla, ni desconocerla.[85]

7. *Verificación del documento electrónico original cuya firma se solicitó*

Pero, ¿Cómo sabe Beto que el documento electrónico no ha sido modificado con posterioridad a que se generó en su versión definitiva? ¿Cómo sabe que el documento electrónico firmado digitalmente por Ana corresponde al documento electrónico original cuya firma le solicitó?

Para verificar lo anterior, mediante la utilización del correspondiente programa, Beto abre el archivo del documento electrónico a firmar (archivo .txt), que se trata de un texto plano y que no está encriptado. Utilizando la misma función hash, el programa obtiene el valor hash, *digest* o huella digital del documento electrónico que se le solicitó firmar a Ana y se obtiene el siguiente resultado:

Valor hash, *digest* o huella digital del documento (archivo .txt)

> 73c3de4175449987ef6047f6e0bea91c1036a8599b43113b
> 3f990104ab294a47

Como se puede apreciar, se obtuvo el mismo valor hash. El valor hash resultante de descifrar o desencriptar la firma digital, es el mismo valor que el obtenido al aplicar la función hash al documento electrónico a firmar. Por lo tanto, Beto tiene la seguridad de que el documento no fue alterado, ni modificado a partir de que generó la versión definitiva del mismo. Si hubiere sido modificado o alterado, la huella digital no coincidiría.

En el ejemplo se verá de manera esquemática cómo funciona la validación:

---

85 Desde luego, si otra persona tiene la llave pública de Ana podrá desencriptar la firma digital.

— Documento electrónico original enviado (archivo .txt), se le aplica la función hash, resultado:

73c3de4175449987ef6047f6e0bea91c1036a8599b43113b
3f990104ab294a47

— Este valor se compara con el obtenido al desencriptar la firma digital, el cual fue:

73c3de4175449987ef6047f6e0bea91c1036a8599b43113b
3f990104ab294a47

— Ambos valores son iguales:

73c3de4175449987ef6047f6e0bea91c1036a8599b43113b
3f990104ab294a47

(valor obtenido a partir de la firma digital)

73c3de4175449987ef6047f6e0bea91c1036a8599b43113b
3f990104ab294a47

(valor obtenido al aplicar la función hash al documento electrónico original)

Por lo tanto: Firma digital es auténtica.

Al ser los valores iguales se concluye que el documento fue firmado digitalmente por Ana.

VIII. CARACTERÍSTICAS DE LA FIRMA DIGITAL

De conformidad con lo expuesto, se puede afirmar que la firma digital produce las mismas consecuencias que una firma autógrafa o manuscrita. El algoritmo criptográfico empleado en la creación de la firma digital, es decir, el procedimiento (software, claves y/o dispositivo) utilizado para la generación de la firma digital se encuentra bajo el exclusivo control del firmante, quien es el titular de su llave privada, y en cuanto tal, ésta se encuentra bajo su poder para crear una parte de la estructura de la firma digital y al compartir su llave pública está completando la estructura de su firma digital. Un documento cifrado con llave privada, sin que se comparta la llave pública, no es un documento firmado digitalmente. La firma digital es una estructura compuesta de ambas llaves: privada y pública. Y mientras la pública no sea comunicada la firma digital no se encuentra estructurada.

De esta forma, se puede afirmar que al utilizar una firma digital se originan las siguientes presunciones:

1ª. Que la firma digital fue creada o generada por el firmante.

2ª. Que la firma digital corresponde al firmante; y

3ª. Que el documento firmado digitalmente no ha sido modificado desde que se generó en su versión definitiva.

De las dos primeras presunciones se deriva que la firma digital es atribuible al firmante, en razón, de que el firmante es el titular de la llave privada, de la cual se generó su correspondiente llave pública. El par de llaves criptográficas las utiliza el firmante para manifestar su identidad y para autenticar el documento firmado digitalmente. La autenticación implica la exteriorización de la conformidad del firmante con el contenido del documento signado, es el medio por el cual se adhiere o vincula con el documento electrónico cuya firma se le solicitó. Formalmente es la manifestación de la voluntad en un acto jurídico unilateral o del consentimiento en un acto jurídico bilateral, con todos los efectos jurídicos correspondientes. Es decir, el firmante queda obligado al cumplimiento de lo expresamente pactado y a las consecuencias que, según su naturaleza son conformes a la buena fe, al uso o a la ley.[86] Por lo tanto, el firmante no puede desconocer la firma digital. El desconocimiento de la firma digital, hace que la carga de la prueba recaiga en el firmante, quien tendrá que probar que el documento no fue firmado por él.[87]

Asimismo, de la segunda y tercera presunción, se desprende que el firmante no puede desconocer el documento electrónico firmado digitalmente, ni alegar su alteración o falsedad. Si lo

---

[86] *Vid.* Art. 1796 del Código Civil para el Distrito Federal.

[87] Las consecuencias jurídicas serán objeto de un análisis posterior.

hace, la carga probatoria recaerá en el propio firmante, quien deberá demostrar la alteración del archivo electrónico que contiene la firma digital.

Finalmente, de la tercera presunción se deduce la integridad del documento electrónico firmado. En efecto, el firmante no podrá alegar que el documento firmado digitalmente no corresponde a la versión definitiva del documento cuya firma se le solicitó. Si lo hace, la carga probatoria recaerá en el propio firmante, quien deberá demostrar la alteración del archivo electrónico que contiene el documento electrónico cuya firmado se le solicitó.

La firma digital tiene la característica de ser atribuible al firmante por las siguientes consideraciones:

1. *Autenticación del documento electrónico*

Mediante la utilización de la firma digital, el firmante autentica —técnica y jurídicamente— el documento electrónico que se le solicitó firmar. La criptografía asimétrica permite la autentificación del documento electrónico, pues la llave pública se genera a partir de la llave privada y ambas se encuentran vinculadas matemáticamente, de tal manera que no existen dos llaves públicas iguales, así como tampoco existen dos llaves privadas iguales. El firmante mediante el uso de la firma digital manifiesta su identidad y conformidad con el contenido del documento electrónico signado.

En el lenguaje informático por autenticación se entiende "la capacidad de demostrar que un usuario o una aplicación es realmente quién dicha persona o aplicación asegura ser".[88] Dicha capacidad consiste en la utilización de ciertos procedimientos para verificar y confirmar la identificación de un usuario: son los medios que demuestran su identidad, es decir, que ga-

---

88 https://www.ibm.com/docs/es/ibm-mq/7.5?topic=ssfksj-7-5-0-com-ibm-mq-sec-doc-q009740-htm Consultado: 06/07/2023.

rantizan "que un usuario es quien dice ser".[89] Y por identidad se entiende la aptitud de identificarse como usuario de un sistema, es la identificación electrónica de una persona o de "una aplicación que se está ejecutando en el sistema".

Jurídicamente el concepto de autenticar hace referencia al medio que una persona utiliza para declarar que un documento es auténtico y legítimo.[90] Al autenticar un documento se está afirmando su veracidad.[91] Desde luego, la firma de una persona es un medio para calificar a un documento como auténtico,[92] mediante ella se acredita como cierto y verdadero el contenido del documento firmado.[93] Ahora bien, la firma la utiliza una persona para vincularse[94] con un documento. La firma es expresión de su identidad y de su voluntad autenticadora.[95]

La autenticación implica la autorización, aprobación y autenticidad de un documento, es la declaración que cierra un documento y que tiene por finalidad hacer referencia a que el signatario se compromete a estar y pasar por el contenido del documento. Para que un documento se considere como auténtico, se requiere tener certeza de la identidad de la persona que

---

89 *Cfr.* Medio de autenticación, en la herramienta Google IA. Utilizada: 18/04/2024.

90 "Autenticación es sinónimo de autentificación: el proceso y el resultado de autenticar. Este verbo, a su vez, alude a comprobar la autenticidad o legalidad de algo o el acto de acreditarlo como auténtico". *Vid.* https://definición.de/autenticacion/ Consultado: 18/04/2024.

91 *Cfr.* Voz: "autenticación" en el *Diccionario Panhispánico del Español Jurídico*, consultable en https://dpej.rae.es

92 *Vid. Diccionario de la Lengua Española*, voz: "autenticación", consultable en https://dle.rae.es

93 *Vid. Diccionario de la Lengua Española*, voz: "auténtico", consultable en https://dle.rae.es

94 Es conveniente precisar que "vínculo" y "vincularse" se utilizan en su sentido gramatical y como metáfora, no en el sentido del lenguaje jurídico.

95 La doctrina considera que la firma autógrafa o manuscrita tiene las características de ser un trazo identificable en relación con una persona física, de ahí que sea individual, y el cual utiliza de manera habitual para autorizar o suscribir documentos para vincularse con su contenido.

lo firma. Por identificación se entiende el procedimiento para constatar la identidad de una persona.

En la firma digital, como se ha comentado, la autenticación e identidad del firmante se logran por la utilización de la criptografía asimétrica.

2. *Integridad del mensaje*

Mediante el uso de la función hash se puede detectar cualquier modificación o alteración del mensaje de datos enviado. Cualquier cambio que sufra el documento a partir de su versión definitiva podrá ser detectado. La función hash es unidireccional, a partir de ella no se puede obtener el mensaje de datos al cual se le aplicó la mencionada función hash. De igual forma, el mismo texto, siempre generará el mismo valor hash. La más mínima modificación produce un valor hash distinto. Esta característica otorga una confiabilidad a la firma digital, que no la encontramos en la firma autógrafa o manuscrita.

3. *No repudiación*

El firmante, es decir el emisor, no puede alegar que él no firmó digitalmente el documento, en razón, de que los medios para generar la firma digital se encontraban bajo su exclusivo control cuando la generó. No puede desconocer su firma digital, que es el medio de expresar su identidad electrónica, lo que se traduce en que el titular de la firma digital (creador) no puede negar la comunicación de la misma.[96]

Derivado de las presunciones y características que tiene la firma digital, se puede afirmar, sin lugar a dudas, que la firma digital es más segura que la firma electrónica simple. Des-

---

[96] También se puede lograr mediante código, la no repudiación del destinatario, a fin de que no pueda negar haber recibido el mensaje de datos enviado por el remitente. Pero ese es tema de otro estudio.

de un punto de vista general, a la firma digital le es aplicable el principio de equivalencia funcional en relación con la firma manuscrita o autógrafa. Con posterioridad, se analizará si a la firma digital también le es aplicable el principio de equivalencia formal.[97]

A pesar de lo ya comentado, es necesario indicar que la firma digital tiene una debilidad, que consiste en que no existe una manera segura de verificar la identidad del firmante. Lo cual repercute en que no se pueda acreditar fehacientemente que la llave pública pertenezca al titular de la firma digital. Desde luego, se puede estar completamente cierto que dicha llave pública corresponde a la llave privada, pero no se puede estar completamente seguro de la identificación de la persona que generó el par de llaves. Esta situación no es exclusiva de la firma digital, la misma problemática se presenta en el caso de los documentos privados firmados autográficamente.

Recordemos que la identidad de una persona física se comprueba a través de la exhibición de una identificación oficial con fotografía (identificación documental), o bien, por medio de testigos previamente identificados documentalmente (identificación testimonial) o por medio de los datos biométricos de una persona, previamente identificada documentalmente.[98]

Desde luego, en el supuesto de que la firma digital se utilice en un entorno entre partes, que previamente han acordado esta forma de manifestar su voluntad, la firma digital es una herramienta completamente segura.[99] Pero en la mayoría de los casos, la firma digital se utiliza entre partes que no se conocen y que incluso desconfían entre ellas. Lo anterior, no quiere decir que la firma digital no tenga utilidad alguna por esta circuns-

---

97 En su oportunidad se analizará el valor probatorio de la firma digital.

98 La identidad de una persona moral siempre es documental, se requiere presentar su escritura constitutiva, en su caso, sus reformar estatutarias, aumentos de capital social, su constancia de situación fiscal, etcétera.

99 No hay que confundir con la contratación mediante el sistema Electronic Data Interchange (EDI).

tancia. Al contrario, en el día a día se utiliza la firma digital; por ejemplo, al comprar o contratar un servicio electrónicamente a través de una página web. En este supuesto no se pide identificación oficial con fotografía al vendedor o al prestador del servicio con el cual se está contratando, pues se confía en la atribución derivada de la infraestructura de llave pública (PKI). Incluso, en el comercio electrónico, al pagar por medio de un sistema *contactless* no se identifica al autor de la firma electrónica y no por eso sus efectos jurídicos son nugatorios.

Se confía en la firma digital, de la misma manera en que se hace con una firma autógrafa. Y se desconfía de la firma digital, de la misma manera en que se hace de una firma autógrafa. Para resolver esta problemática de la firma digital se creó la firma electrónica avanzada o cualificada.[100]

IX. FIRMA ELECTRÓNICA AVANZADA

Se puede conceptualizar a la firma electrónica avanzada, como el mensaje de datos utilizado para la acreditación de la identidad del signatario, así como de la aprobación del contenido del documento electrónico cuyo firmado le fue solicitado y de la integridad del propio mensaje de datos, todo lo anterior mediante la utilización de un certificado digital emitido por un tercero de confianza.

Mediante el uso de la firma electrónica avanzada se pretende acreditar fehacientemente: (i) la identificación del firmante; (ii) que el firmante generó la firma electrónica mediante el uso de un dispositivo seguro que mantuvo bajo su exclusivo control; (iii) que el firmante por medio de la firma electrónica avanzada autenticó el documento electrónico cuyo firmado realizó; y (iv)

---

100 La nomenclatura en la materia de firma electrónica no es pacífica. En algunos ordenamientos se denomina a la firma electrónica avanzada como firma digital. En otros sistemas se le denomina como firma electrónica cualificada.

la integridad del documento electrónico firmado mediante la firma electrónica avanzada.

La firma electrónica avanzada no es otra cosa que una firma digital cualificada. En razón de que su estructura tecnológica es similar a la estructura de la firma digital. Ambas utilizan criptografía matemática asimétrica. La firma electrónica avanzada, al igual que la firma digital, utiliza la infraestructura de llave pública (PKI) y la función hash. Sin embargo, la diferencia entre ambas, estriba en que la firma electrónica avanzada utiliza para su creación o generación un certificado digital emitido por un tercero de confianza. El cual puede ser una autoridad certificadora o un prestador de servicios de certificación.[101]

Este tercero de confianza, la autoridad certificadora o el prestador de servicios de certificación tiene a su cargo la verificación de la identidad del solicitante del certificado digital, es decir, su identificación; la emisión del certificado digital; la validación de la autenticidad y validez del certificado digital; la cancelación o revocación del certificado digital; y la publicidad del mismo.

El receptor de un documento electrónico, firmado electrónicamente mediante la utilización de un certificado digital, tiene la seguridad de que un tercero de confianza, autoridad certificadora o un prestador de servicios de certificación,[102] verificó la identidad de la persona a la cual le fue emitido el certificado digital y que la firma digital fue generada mediante la utilización del mencionado certificado. Por tal motivo, el receptor y la parte que confía en la firma electrónica avanzada

---

101 Se discute sobre cuál será la naturaleza de la firma digital generada mediante un certificado digital expedido dentro de una estructura corporativa y para ser usado exclusivamente en la misma (intranet), o bien, los efectos de una firma digital generada mediante un certificado digital emitido por un tercero de confianza privado.

102 Como ya se mencionó, la autoridad certificadora o el prestador de servicios de certificación tienen la cualidad de ser un tercero de confianza encargado de la verificación de la identidad del titular del certificado digital y de la emisión del mismo.

tienen la plena seguridad de que la llave pública corresponde al titular del certificado digital, es, en pocas palabras, atribuible al firmante.

Para la generación del certificado digital, básicamente, existen dos procedimientos. En el primero, el solicitante del certificado digital proporciona a la autoridad certificadora o al prestador de servicios de certificación, los datos y documentación necesaria para acreditar su identidad y su llave pública. En el segundo, el cual es el sistema más utilizado, el solicitante del certificado digital proporciona a la autoridad certificadora o al prestador de servicios de certificación, los datos y documentación necesaria para acreditar su identidad. La autoridad certificadora o el prestador de servicios de certificación genera el par de llaves de criptografía asimétrica y emite el correspondiente certificado digital. La llave privada, protegida mediante una contraseña, la entrega al solicitante del certificado digital para su custodia y utilización. En este procedimiento, la autoridad certificadora o el prestador de servicios de certificación, no conserva la llave privada, ni registro o archivo alguno de ella. Todo lo anterior en acatamiento a la infraestructura de llave pública (PKI), en la cual la llave privada (SK), es secreta y debe encontrarse bajo el exclusivo resguardo y control del titular del certificado digital. Hay que recordar que la relación matemática criptográfica existente entre la llave privada y la llave pública, es unidireccional y consecuentemente de la llave pública no se puede deducir la llave privada.[103]

La participación de la autoridad certificadora, o bien, del prestador de servicios de certificación mediante la emisión del correspondiente certificado digital a una persona o entidad[104]

---

[103] La seguridad de los sistemas criptográficos de clave pública se basa en la dificultad computacional de la factorización de números primos muy grandes, por lo que resulta poco probable deducir la llave privada a partir de la llave pública. *Cfr.* Ask AI.

[104] La firma digital y la firma electrónica avanzada por su infraestructura puede ser utilizada por personas físicas y morales, incluso por un progra-

previamente identificada, es precisamente lo que confiere a este tipo de firma electrónica su cualidad de avanzada.

Para crear o generar una firma electrónica avanzada, es necesario contar previamente con un certificado digital. La persona interesada, es decir, el firmante, debe solicitar a la autoridad certificadora o a un prestador de servicios de certificación, la emisión de un certificado digital. De tal manera que el signante mediante el uso del certificado digital generará su firma electrónica avanzada, que es un mensaje de datos (documento electrónico).

En este procedimiento de creación o emisión de un certificado digital, se debe dejar acreditada la identidad del titular del certificado digital, lo que se traduce en la identificación del firmante. Lo cual implica que la autoridad certificadora o el prestador de servicios de certificación debe cerciorarse fehacientemente de la identidad del solicitante. Existen diversas formas para acreditar la identidad del solicitante de la emisión de un certificado digital, en la actualidad, el procedimiento más utilizado es la comparecencia personal del interesado ante la autoridad certificadora o ante el prestador de servicios de certificación, quienes se aseguran de la identidad de dicho solicitante mediante la presentación física de alguna identificación oficial con fotografía y además mediante la toma de datos biométricos del solicitante persona física (rostro, iris, voz, etcétera) y mediante el registro de sus huellas dactilares. Para el supuesto de que el solicitante no pueda presentarse personalmente ante la autoridad certificadora, algunos ordenamientos sobre la materia permiten que la acreditación de la identidad de dicha persona puede realizarse ante Notario Público.[105] Sin embargo,

---

ma informático, sistemas o aplicaciones, como en el internet de las cosas (IOT) y en el internet de todo (IOA).

105 "El solicitante debe presentarse personalmente [...] pero en caso de no poder hacerlo [...] puede aceptar la autenticación de la identidad de un solicitante remoto mediante un Notario Público". *Cfr*. "Política de Certificados Autoridad Certificadora Raíz Segunda de la Secretaría de Economía", *passim*. Consultable en: https://psc.economia.gob.mx

nada impide que la verificación de la identidad de la persona o entidad pueda ser realizada telemáticamente.[106]

Una vez acreditada la identidad del solicitante, la autoridad certificadora o el prestador de servicios de certificación, mediante el uso de criptografía asimétrica, a través de la infraestructura de llave pública (PKI) genera: (i) la llave privada y la llave pública del solicitante. La llave privada es entregada al solicitante la cual, como se ha dicho, se protege con una contraseña (SK);[107] y (ii) el certificado digital, el cual contiene, entre otros datos, la llave pública (PK) del titular del certificado.

A continuación, un ejemplo sencillo, pero ilustrativo, de la firma de un documento electrónico mediante el aplicativo de una firma electrónica avanzada.

Ana desea firmar electrónicamente un documento electrónico cuya firma le fue solicitada por Beto. Por su parte, Beto solicita a Ana que dicha firma electrónica sea lo más segura posible, para evitar cualquier controversia en el futuro sobre la autenticidad de la misma. Por tal motivo, Ana utilizará para firmar el documento electrónico una firma electrónica avanzada, para lo cual deberá obtener previamente un certificado digital emitido por una autoridad certificadora o prestador de servicios de certificación.

1. *Certificado digital*

Un certificado digital es un documento electrónico (mensaje de datos) emitido por un tercero de confianza, mediante el cual se

[106] El certificado digital también tiene un uso preponderante en la identificación de entidades electrónicas, con la finalidad de lograr una comunicación segura entre servidores y clientes, o en una red entre nodos *peer to peer* (P2P).

[107] Existen dos procedimientos para la generación del certificado digital, uno en que el solicitante genera el par de llaves y el segundo, en el cual la autoridad certificadora o prestador de servicios de certificación es quien genera el par de llaves criptográficas, el cual es el más utilizado *vid. supra.*

confirma el vínculo entre la identidad del titular del mismo con los datos de verificación de su firma digital, es decir, su llave pública.[108]

La finalidad de la firma electrónica avanzada es resolver el problema de la atribución de la firma digital al signatario. Para lo cual, dicho proceso, se estructura para dejar acreditada la identificación del firmante y la vinculación entre el juego de llaves criptográficas, es decir, que la llave pública corresponde única e indefectiblemente a la llave privada del titular del certificado digital. El efecto es la atribución de la firma electrónica avanzada al titular del certificado digital. Así como la atribución del certificado digital con el emisor del mismo, es decir, con la autoridad certificadora o prestador de servicios de certificación. En materia probatoria la carga de la prueba se desplaza al que niega la atribución de la firma electrónica avanzada con el titular del certificado digital,[109] o bien, al que controvierte la expedición o vigencia del certificado digital.

Un certificado digital contiene, entre otra información, la llave pública del titular del mismo, así como los datos de identificación de la persona o entidad titular del certificado digital,[110] los algoritmos de cifrado criptográfico matemático utilizados, los datos de identificación de la autoridad certificadora o pres-

---

108 *Cfr.* Circular-Telefax 6/2005 de Banco de México denominada "Reglas para operar como Agencia Registradora y/o Agencia Certificadora en la Infraestructura Extendida de Seguridad". Consultable en: https://www.banxico.org.mx/marco-normativo/normativa-emitida-por-el-banco-de-mexico/circular-telefax-6-2005/%7BB-DA28102-2D36-4A06-C898-70C6D8C89DF5%7D.pdf

109 Situación que será analizada posteriormente.

110 El certificado digital se utiliza para identificar a personas, entidades, usuarios, equipos, servicios o dispositivos que se comunican entre sí por medio de una red. "Los certificados digitales X.509 se utilizan ampliamente en varios protocolos de seguridad, como Transport Layer Security (TLS), Secure Sockets Layer (SSL), Public Key Infrastructure (PKI) y firmas digitales". *Cfr.* https://help.webex.com/es-co/article/WBX42278/%-C2%BFQu%C3%A9-es-un-certificado-digital-X.509

tador de servicios de certificación que emitió el certificado digital, así como la vigencia del propio certificado digital.

Desde luego, el certificado digital es un documento electrónico, el cual está firmado digitalmente con la llave privada de la autoridad certificadora o del prestador de servicios de certificación, lo que a su vez le confiere un grado de atribución mayor que la firma digital.[111] Para su desencriptado, es decir, para la verificación de la autenticidad del certificado digital, se aplica al cifrado del mismo la llave pública de la autoridad certificadora o del prestador de servicios de certificación que lo emitió.

A la fecha, los certificados digitales basados en la infraestructura de llave pública (PKI) utilizan el formato X.509 de la International Telecommunication Union (ITU),[112] que es un estándar para realizar la codificación y el intercambio de llaves públicas de forma segura en una red abierta no segura. Dicho formato define la estructura, sintaxis y componentes de los certificados digitales y tiene por finalidad asegurar la autenticidad e integridad de las comunicaciones digitales.[113]

En relación a lo anterior, el Internet Engineering Task Force (IETF),[114] estableció el estándar RFC 5280, para los certificados digitales en su versión número 3 (v3) y para la lista de certificados revocados (CRL) en su versión número 2 (v2),[115] con la fina-

---

111 *Vid.* La descripción del funcionamiento del firmado digital expuesto anteriormente.

112 Sector de Normalización de las Telecomunicaciones de la Unión Internacional de Telecomunicaciones, organismo de la Organización de las Naciones Unidas, *vid.* https://www.itu.int

113 *Vid.* https://help.webex.com/es-co/article/WBX42278/%C2%BFQu%C3%A9-es-un-certificado-digital-X.509

114 Grupo de Trabajo de Ingeniería de Internet, es una organización internacional no gubernamental, abierta a la participación de cualquier persona interesada, que tiene por finalidad proponer estándares de protocolo para la arquitectura de internet, conocidos como Request for Comments (RFC). *Vid.* https://ieft.org

115 "Este estándar especifica un conjunto de reglas de validación de certificados que el software de aplicación compatible debe implementar para evitar ataques de suplantación [...] perfila el certificado X.509 v3, la lista de

lidad de asegurar la compatibilidad y la política de validación de certificados digitales. Por ejemplo, se especifica el número de bits para el certificado digital, los algoritmos criptográficos utilizados,[116] y la estructura de la cadena de confianza.[117]

Conforme al citado estándar, en su versión 3 (v3), los certificados digitales, cuentan con diversas extensiones con la información necesaria para proporcionar métodos para asociar más atributos con usuarios o llaves públicas y para administrar relaciones entre las entidades de certificación, lo que garantiza su fiabilidad.[118]

Los certificados digitales pueden tener diferentes extensiones de formato como la .pem (Privacy Enhanced Electronic Mail), en la cual se encuentran cifrados en Base64 utilizando caracteres ASCII. La representación inteligible de dichos certificados digitales comienza con la frase "BEGIN CERTIFICATE" y termina con la frase "END CERTIFICATE".[119] También,

---

revocación de certificados X.509 v2 (CRL) y describe un algoritmo para la validación de la ruta del certificado X.509". *Cfr.* https://www.google.com/search?q=El+est%C3%A1ndar+IETF+RFC+5280&oq=El+est%C3%A1ndar+IETF+RFC+5280&gs_lcrp=EgZjaHJvbWUyBggAEEUYOTIGCAEQRRg80gEIMTg3N2owajeoAgCwAgA&sourceid=chrome&ie=UTF-8

116 Por ejemplo, los algoritmos RSA, DSA o ECDSA. *Cfr.* Recurso Chat & Ask AI.

117 *Vid.* Certificados Digitales en https://www.ibm.com/docs/es/ibm-mq/9.1?topic=concepts-digital-certificates

118 Como son: "el identificador de la clave de la entidad emisora, el identificador de clave del firmante, el uso de la clave, el período de uso de clave privada, las directivas de certificado, las asignaciones de directiva, el nombre alternativo del firmante, el nombre alternativo del emisor, atributos de directorio de firmantes, restricciones básicas, restricciones de nombre, restricciones de directiva, uso mejorado de clave, puntos de distribución de la publicación de la lista de certificados revocados (CRL), deshabilitación de anyPolicy, y CRL más reciente". *Cfr.* Certificados X.509 en https://learn.microsoft.com/es-es/azure/iot-hub/reference-x509-certificates

119 "Base64 es un grupo de esquemas de codificación de binario a texto, que representa los datos binarios mediante una cadena ASCII". *Vid.* Resources for Developers, by Developers en https://developer.mozilla.org. *Cfr.* *¿Para qué sirve el certificado* SSL/TLS? en https://www.sslmarket.es

pueden utilizar las extensiones de formato .cert (certificate), o bien, la .der (Distinguished Encoding Rules),[120] mismas que se encuentran en formato binario. Pero también es común encontrarlas en Base64.[121] Es muy utilizado el formato .p12[122] y .pfx, que son binarios y permiten colocar el certificado digital junto con la clave privada, la cual se archiva en formato PKCS#12 encriptada y protegida por una contraseña.[123]

2. *Clasificación de los certificados digitales*

Los certificados digitales tienen un amplio uso en las comunicaciones electrónicas. No sólo se utilizan en la generación de una firma electrónica avanzada o cualificada para autorizar documentos electrónicos, sino que son también ampliamente utilizados en otros ámbitos de internet; por ejemplo, en la comunicación Hipertext Transfer Protocol Secure (HTTPS) se utilizan entre un servidor y cliente, para establecer una transferencia electrónica de datos segura entre un navegador web y un sitio web, es una manera segura de identificación e intercambio de información; o bien, para garantizar la autenticidad de un programa o aplicación.[124]

---

120 *Vid.* ¿Para qué sirve el certificado SSL/TLS? en https://www.sslmarket.es

121 La extensión .crt (certificate) es utilizada por los servidores web para implementar TLS/SSL (Secure Socket Layer). *Vid.* Certificado SSL en https://dinahosting.com/mas-servicios/certificados-ssl

122 Utilizado para firmar archivos pdf.

123 *Vid.* ¿Para qué sirve el certificado SSL/TLS? en https://www.sslmarket.es/ y "Certificados en dispositivos Apple", en https://support.apple.com/es-mx/guide/deployment/dep91d2eb26/web#:~:text=Los%20dispositivos%20iPhone%2C%20iPad%2C%20Mac%20y%20Apple%20TV,la%20clave%20privada%20y%20contienen%20exactamente%20una%20identidad. Desde luego, la llave pública no se encuentra encriptada, ni protegida por contraseña alguna, en razón, de que debe ser conocida por el destinatario.

124 *Vid.* ¿Qué es HTTPS? en *https://www.cloudflare.com/es-es/learning/ssl/what-is-https/*

Según su uso se pueden distinguir, entre otros, los siguientes certificados digitales:

1. Certificado Transport Layer Security y Secure Sockets Layer (TLS/SSL), para implementar conexiones seguras entre un navegador y un servidor web. También se utilizan para crear conexiones de túnel, por medio de una Virtual Private Network (VPN).[125]
2. Certificado de firma de código (Code Signing Certificate).[126]
3. Certificado de cliente (Client Certificate), para aplicaciones de usuarios.[127]
4. Certificado para firmar documentos.[128]

En el ejemplo usado, Ana solicita a una autoridad certificadora o prestador de servicios de certificación, la emisión de un certificado digital, con la finalidad de generar una firma electrónica avanzada para signar digitalmente el documento electrónico que solicita Beto.

3. *Generación del certificado digital*

Ana como solicitante del certificado digital, proporciona los datos y documentos probatorios de su identidad, de la manera y en la forma que le son requeridos por la autoridad certificadora o prestador de servicios de certificación. Una vez verificada su

---

[125] *Vid.* Certificados para autenticación de túnel VPN de sucursal (BOVPN) en https://www.watchguard.com/help/docs/help-center/es-xl/Content/en-US/Fireware/certificates/authentication_bovpn_c.html#:~:text=Certificados%20para%20

[126] *Vid.* Certificados de firma de código en https://www.globalsign.com/es/certificado-de-firma-de-codigo

[127] *Vid.* ¿Qué son los certificados de cliente? en https://www.digicert.com/es/faq/email-trust/what-are-client-certificates

[128] *Vid.* Obtener un certificado digital y crear una firma digital en https://support.microsoft.com/es-es/office/obtener-un-certificado-digital-y-crear-una-firma-digital

identidad, la autoridad certificadora o prestador de servicios de certificación expedirá el certificado digital a favor de Ana.

En materia de certificados digitales hay que distinguir los diferentes servicios que integran esta estructura, que comprende el servicio de registración, el cual es prestado por la denominada agencia o autoridad registradora (AR). El servicio de expedición del certificado digital, efectuado por la denominada agencia o autoridad certificadora (AC). Y el servicio de validación del certificado digital, realizado por la denominada agencia o autoridad verificadora (AV).[129]

La agencia registradora (AR), es la encargada de validar la identidad e información del solicitante del certificado digital. Tiene a su cargo la debida identificación de la persona o entidad que será titular del certificado digital. Por su parte, la agencia certificadora (AC), es la encargada de emitir, revocar y cancelar los certificados digitales y proveer del listado de los certificados vigentes y no vigentes a la agencia validadora. Por su parte la agencia validadora (AV), tiene a su cargo proporcionar al público la información relacionada con la validez y vigencia de los certificados digitales expedidos por la agencia certificadora, así como el publicitar los certificados revocados. Esta división tripartita tiene su razón de ser debido a cuestiones de seguridad de la información. Anteriormente se comentó que los certificados digitales se encuentran encriptados con la llave privada (SK) de la agencia certificadora (AC), por tal motivo es necesaria una arquitectura cerrada y segura. La agencia o autoridad certificadora, a fin de evitar ataques de terceros, opera con un servidor de misión crítica, desconectado de la red de computadoras. Debido a lo anterior cualquier intercambio de información se realiza en físico. Imagínese el problema que

---

129 *Cfr.* La circular-telefax 6/2005 de Banco de México denominada "Reglas para operar como agencia registradora y/o agencia certificadora en la infraestructura extendida de seguridad". Consultable en: https://www.banxico.org.mx/marco-normativo/normativa-emitida-por-el-banco-de-mexico/circular-telefax-6-2005/%7BBDA28102-2D36-4A06-C898-70C6D8C89DF5%7D.pdf

representaría el hackeo de la llave privada de la autoridad certificadora, todos los certificados digitales que hubiere emitido quedarían comprometidos.

Siguiendo con el ejemplo, la agencia registradora (AR)[130] verificó la identidad e información proporcionada por Ana, procedió a su registro, y en consecuencia solicitó a la agencia certificadora (AC) la emisión del correspondiente certificado digital para ella.

El certificado digital contiene la información necesaria para garantizar la atribución del mismo con su titular. Por ejemplo, contiene los datos relativos al nombre del titular, al nombre de la autoridad certificadora emisora del certificado digital, el periodo de vigencia del certificado digital, el número de identificación del certificado digital, el cual es único para cada certificado, etcétera. Al abrir un certificado digital, por medio del visualizador de certificados, se pueden observar los datos integrados al mismo. Estos datos se encuentran agrupados en rubros, como los identificados con las denominaciones "General" y "Detalles". A continuación, se presenta un ejemplo hipotético de la integración del apartado "General" de un certificado digital:

> Emitido a
> Nombre común (CN) Ana
> Organización (O) <No forma parte de un certificado>
> Unidad organizativa (OU) <No forma parte de un certificado>
> Proporcionada por
> Nombre común (CN) DigiJjHv CMX B2
> Organización (O) DigiJjHv SC
> Unidad organizativa (OU) <No forma parte de un certificado>
> Período de Validez
> Emitido el martes, 23 de abril de 2024, 11:46:00
> Vence el lunes, 25 de marzo de 2025, 10:59:59

---

130 Puede ser una sola entidad, con un proceso tripartita, en el ejemplo se presenta de manera esquemática para su fácil comprensión.

Huellas digitales SHA-256

Certificado dbaceb173a42426df7b3198ace38f84c02bbbd421 bececc5765897667ffa19d6

Clave pública ac5fee3aceecb5aac2938eb1c03aaa1e3d5c1255f 7bb3a63f2ddd7edc7d8a0f9

En el campo identificado como "Detalles", se encuentra la información específica del certificado digital, como la relativa a la información sobre los campos del certificado y sobre la jerarquía de certificados. En la correspondiente al campo del certificado digital, se hace constar información sobre la versión utilizada; el número de serie del certificado digital, el cual es un número único para cada certificado digital emitido; el algoritmo de firma del certificado digital;[131] el algoritmo hash utilizado; los datos del emisor del certificado digital; y la vigencia del certificado digital.

En lo relativo a la información sobre la jerarquía de certificados, resulta necesario comentar que la agencia certificadora puede autorizar a otra agencia certificadora la emisión de certificados digitales. La agencia certificadora autorizada, tiene a su vez, un certificado digital expedido por la agencia certificadora autorizante, que la identifica como tal y que es en base al cual emite los certificados digitales a los solicitantes. A la agencia certificadora autorizante se le denomina autoridad central o raíz (*root*) y a la autorizada se le suele identificar como autoridad subordinada.

En el ejemplo la información se integraría de la siguiente manera:

Jerarquía de certificados

DigiJjHv CMX Root B2

DigiJjHv CMX B2

Ana

---

131 Al tiempo de escribir el presente trabajo se utiliza PKCS N° 1 SHA-256 con encriptación RSA. Como se ha mencionado el avance de esta tecnología es vertiginoso. Actualmente, en materia de criptografía, se tienen las implementaciones zk-SNARK y zk-STARK. *Vid.* https://academy.binance.com/es/articles/zk-snarks-and-zk-starks-explained.amp

El certificado digital emitido por la agencia certificadora es un documento electrónico firmado digitalmente por la propia agencia certificadora. Es decir, que el certificado digital (documento electrónico) emitido por la agencia certificadora, será encriptado asimétricamente utilizando el mismo procedimiento descrito para la firma digital. Se obtendrá la huella digital del certificado digital aplicando una función hash al mismo, como el algoritmo SHA-256. Dicha huella digital será encriptada mediante el uso de la llave privada de la agencia certificadora utilizando el algoritmo de cifrado RSA. El resultado será un valor que representa el certificado digital firmado por la agencia certificadora. Por lo tanto, el archivo de un certificado digital contiene el certificado digital en una versión de texto plano (*plain text*) y asociado al mismo la firma digital del certificado, es decir, el valor resultante de la encriptación de dicho certificado, el cual es ilegible.[132]

Beto puede verificar la validez del certificado digital que le fue emitido a Ana. Para tal efecto, mediante el programa o aplicación correspondiente, utilizando la llave pública de la agencia certificadora, Beto puede verificar el certificado digital emitido a favor de Ana. El procedimiento de verificación es el mismo que se explicó para la firma digital. Es decir, el programa respectivo desencriptará la firma digital y obtendrá un valor hash. Asimismo, obtendrá el valor hash del certificado digital (el cual se encuentra en formato de texto) y comparará los dos valores hash obtenidos. Si son coincidentes se comprobará la validez del certificado digital.

Al obtener una verificación exitosa del certificado digital, emitido a favor de Ana, por la autoridad certificadora o prestador de servicios de certificación, Beto tiene la plena seguridad de que

---

132 Los certificados digitales, por la seguridad que representan, se utilizan también para garantizar el establecimiento de una conexión segura en línea, *vrg.* la conexión entre servidores web. También se utilizan para firmar software, garantizando su autenticidad y fiabilidad. *Vid.* ¿Qué es un Certificado Digital y para qué se usa? en https://ciberseguridad.com/guias/prevencion-proteccion/certificado-digital/

la llave pública de Ana que se encuentra asociada a dicho certificado digital corresponde a la llave privada de que es titular Ana.

4. Generación y verificación de la firma electrónica avanzada

Continuando con el ejemplo, Ana utilizando su firma electrónica avanzada firma el documento electrónico cuyo firmado le fue solicitado por Beto.

El proceso para la generación y verificación de la firma electrónica avanzada es el mismo que se explicó para la firma digital, con la diferencia de que Beto obtiene la llave pública de Ana del certificado digital emitido por la autoridad certificadora o el prestador de servicios de certificación. Además, el programa o aplicativo utilizado verificará la validez y vigencia del certificado digital durante el proceso.

Del resultado positivo de la verificación de la firma electrónica avanzada, Beto no tendrá duda alguna de que la llave pública que se utilizó para la desencriptación asimétrica corresponde a Ana como titular de la llave privada, y en consecuencia la firma electrónica avanzada es atribuible a Ana, por la identificación previa que realizó la autoridad certificadora o el prestador de servicios de certificación.

El receptor de un documento electrónico autorizado con una firma electrónica avanzada o cualificada tiene la seguridad de que el mismo fue enviado y firmado por la persona a quien se le atribuye. El firmante de conformidad con el principio de no repudio, no podrá desconocer el documento signado mediante el uso de una firma electrónica avanzada. La razón estriba en que dicha firma se generó mediante la utilización de un certificado digital emitido a su favor. Ejemplificando lo anterior, el signante no puede negar la pertenencia del certificado digital, porque obra en su poder el archivo .cer y la contraseña para la generación de la llave privada.

De lo anterior se destaca que la firma electrónica avanzada se encuentra vinculada de manera única, directa e inmediata al firmante. Se presume que la firma electrónica avanzada fue creada o generada por el titular del certificado digital y en los términos del mismo, por lo que es a cargo del propio firmante la carga de la prueba de que la firma electrónica avanzada no fue creada o generada por él.[133]

Además, al estar la firma electrónica avanzada anexada o lógicamente asociada al mensaje de datos cuyo contenido se aprueba al efecto, se garantiza la autenticidad e integridad del documento electrónico, al igual que en la firma digital, por aplicación de la infraestructura de llave pública (PKI), constituyendo todo lo anterior el principio de autenticidad e integridad del documento digital.[134]

El certificado digital tiene como finalidad última, validar la firma electrónica realizada por el signante, a través de la previa identificación realizada al efecto por el tercero de confianza como requisito esencial para la emisión de aquél. Además, la propia infraestructura del certificado digital incluye la verificación requerida para constatar su validez y la identidad de la autoridad certificadora, o bien, del prestador de servicios de certificación que lo emitió.

Al igual que en la firma digital, el documento electrónico que se firma con una firma electrónica avanzada o cualificada puede o no estar encriptado, pero cualquier modificación al mismo realizada con posterioridad a la generación de la versión definitiva enviada al signante, será detectable por el programa de firma electrónica avanzada.

5. *Características de la firma electrónica avanzada*

Las características de la firma electrónica avanzada son las siguientes:

---

133 Sobre la naturaleza jurídica y los efectos legales que produce que el titular de una firma electrónica avanzada o cualificada, y en general de una firma digital, comparta los datos para su generación, constituye un tema de delicada reflexión.

134 "La firma avanzada exige un proceso de identificación más riguroso y seguro que la firma digital". Recurso Ask AI. 04/06/2023.

1ª. Se encuentra vinculada de manera única y necesaria con el firmante.

2ª. El firmante se encuentra identificado por la autoridad certificadora o por el prestador de servicios de certificación.

3ª. Es creada mediante el uso de medios o dispositivos electrónicos seguros que se encuentran bajo el exclusivo control del firmante.

4ª. Se encuentra asociada o lógicamente vinculada con los datos electrónicos que autoriza y valida el firmante, por lo que se puede detectar cualquier alteración o modificación ulterior a la generación del documento electrónico en su forma definitiva.

Como se comentó con anterioridad, esta firma electrónica es avanzada en la medida en que participa un tercero de confianza en la emisión y control de validez del correspondiente certificado digital. Su utilización proporciona un mayor grado de seguridad y fiabilidad que una firma digital.

Uno de los grandes cuestionamientos en relación con la firma electrónica avanzada, es si el ordenamiento legal debe establecer los requisitos técnicos que debe cumplir una firma digital para ser considerada avanzada o cualificada; o si por el contrario, únicamente debe exigir que una firma digital cumpla con las características antes enunciadas para ser considerada como una firma electrónica avanzada.[135]

X. VALORACIÓN

La firma electrónica en cualquiera de sus formas es un documento electrónico y al igual de lo que sucede con los documentos en papel, el problema a resolver es si con su utilización se cumple el requisito de forma en el acto jurídico (derecho

---

135 Una firma electrónica avanzada o cualificada es una firma digital.

sustantivo) y su valor probatorio (derecho adjetivo). ¿Cómo verificar la autoría de la firma? ¿Cómo certificar la identidad del firmante? ¿Cómo identificar al firmante? ¿Cómo garantizar la integridad del documento? ¿Cómo garantizar la conservación del documento firmado?

El ordenamiento jurídico resuelve la problemática de la autoría o puesta de firma a través de la intervención de terceros en el acto de su otorgamiento, o bien, en un acto posterior. Ambos supuestos, traen aparejada como consecuencia el reconocimiento de la autoría de la firma plasmada por el firmante, en una frase: su atribución. La acreditación de esta situación incide directamente en la autenticidad del documento. La legislación puede establecer como requisito de validez[136] que el documento se otorgue ante la presencia de testigos, o bien, ante la presencia de Notario Público, Corredor Público, Juez o autoridad facultada.[137]

Este específico requisito de formalidad en el derecho digital aplicado a la firma electrónica se suele denominar la verificación de la fuente. Al receptor de la firma electrónica (mensaje de datos) se le debe comprobar la procedencia de aquélla; es decir, la autenticación del origen. La fuente de procedencia de la firma electrónica debe ser segura, confiable y legítima. En el caso de la firma digital y de la firma electrónica avanzada o cualificada, se explicó que la seguridad, confiabilidad y legitimidad se realiza a través de la criptografía asimétrica. La fuente queda verificada por medio del sistema de llave pública y llave privada (PKI). Todo lo anterior, forma parte de la problemática de la atribución de la firma.

---

136 En ocasiones se establece como elemento de existencia del acto jurídico.

137 Se debe reflexionar sobre el efecto probatorio que ocasiona la intervención de dichos terceros, es decir, si el documento se considerará como documental privada o pública y el grave problema ocasionado por el Código Nacional de Procedimientos Civiles y Familiares en la regulación del valor probatorio que otorga a los documentos digitales.

En relación a la identidad del firmante, son aplicables *—mutatis mutandi—* los argumentos antes vertidos. Prudente es comentar que la determinación de la identidad incide directamente en lo que se denomina el no repudio o no desconocimiento de la autoría de la firma. Lo interesante de esta problemática, consiste en la seguridad que debe tener la verificación o comprobación de la identidad del firmante, es decir, lo que se denomina la identificación del autor de la firma. En el documento en soporte papel, únicamente la intervención del Notario Público, Corredor Público, Juez o autoridad facultada, cumplimenta la identificación del firmante. El Notario (o el fedatario público respectivo), certifica la identidad del firmante a través de los medios de identificación limitativamente señalados en la normatividad aplicable. Una firma electrónica al igual que un documento privado, no cumplen plenamente con la fiabilidad sobre la verificación de la identificación del firmante, no existe manera de acreditar fehacientemente que el firmante es la persona que afirma ser, por la simple razón de que no interviene un fedatario público en la comprobación de la identidad del signante.

Por lo que se refiere a la integridad del documento en soporte papel, el ordenamiento jurídico, en lo relativo a los documentos privados no establece un sistema adecuado para garantizar que un documento no sea alterado o modificado. En algún supuesto, la norma legal ordena que el documento se otorgue en dos o más tantos originales. Para el caso de los documentos públicos otorgados ante Notario, la integridad está garantizada por la matricidad del protocolo y por el principio de la conservación material de fondo y forma del instrumento público. En el caso de la firma digital y avanzada, la función hash garantiza la integridad del documento, basta comparar los valores hash o huella digital del documento electrónico para determinar su integridad, pero su seguridad no es absoluta, el estado de la tecnología puede lograr romper la criptografía asimétrica.

Relativo a la conservación del documento en soporte papel, la polémica es álgida. Sus defensores ejemplifican con documentos conservados desde hace miles de años. Por su parte, sus detractores exponen todo tipo de vicisitudes a las que se encuentra expuesto el soporte papel. Desde el punto de vista legal, valga como ejemplo para darse cuenta de la gravedad del asunto: el extravío del documento único. Para los documentos públicos otorgados ante Notario, la matricidad del protocolo garantiza su conservación y posterior reproducción, aunque también se encuentra sujeto a las vicisitudes propias de la conservación física o material. La firma electrónica simple, digital o avanzada, también se encuentran sujetas a las vicisitudes que puede sufrir el soporte que las contenga.[138]

FUENTES CONSULTADAS

Adobe (2024). *Archivos JPEG*. Recuperado de:

Apple (2024). *Certificados en dispositivos Apple*. Recuperado de: https://support.apple.com/es-mx/guide/deployment/dep91d2eb26/web#:~:text=Los%20dispositivos%20iPhone%2C%20iPad%2C%20Mac%20y%20Apple%20TV,la%20clave%20privada%20y%20contienen%20exactamente%20una%20identidad

Asamblea General de las Naciones Unidas (s.f.). Resolución aprobada por la Asamblea General [sobre la base del informe de la Sexta Comisión (A/56/588)] 56/80 Ley Modelo sobre las Firmas Electrónicas de la Comisión de las Naciones Unidas para el Derecho Mercantil Internacional. Recuperado de:

Auronix. (2023). ¿Qué es el SMS? Recuperado de:

Banco de México (2023). *Circular-Telefax 6/2005 del Banco de México, "Reglas para operar como Agencia Registradora y/o Agencia Certificadora en la Infraestructura Extendida de Seguridad"*. Recuperado de: https://www.banxico.org.mx/marco-normativo/normativa-emitida-por-el-banco-de-mexico/circular-telefax-6-2005/%7BBDA28102-2D36-4A06-C898-70C6D8C89DF5%7D.pdf

Binance Academy (2024). zk-SNARKs y zk-STARKs explicadas. Recuperado de: https://academy.binance.com/es/articles/zk-snarks-and-zk-starks-explained.amp

138 Soporte magnético, óptico.

Ciberseguridad (2024). ¿Qué es un Certificado Digital y para qué se usa? Recuperado de: https://ciberseguridad.com/guias/prevencion-proteccion/certificado-digital/

Cloudflare (2024). *¿Qué es HTTPS?*. Recuperado de: https://www.cloudflare.com/es-es/learning/ssl/what-is-https/

Code of Federal Regulations (Anual Edition) (2023). Consúltese en: https://www.gobinfo.gov/app/collection/cfr/2023/

Código Civil y Comercial de la Nación (2014). Aprobado por ley 26.994 promulgado según decreto 1795/2014. Recuperado de: http://www.saij.gob.ar/docs-f/codigo/Codigo_Civil_y_Comercial_de_la_Nacion.pdf

Convención de las Naciones Unidas sobre la Utilización de las Comunicaciones Electrónicas en los Contratos Internacionales (s.f.). Recuperado de:

Cruz Rivero, D. (2006). *Eficacia formal y probatoria de la firma electrónica*. Madrid: Marcial Pons, Ediciones Jurídicas y Sociales.

CUAIEED/Facultad de Ingeniería-UNAM (2024). *RSA: Criptosistema de llave pública*. Unidades de Apoyo para el Aprendizaje. Recuperado de: https://repositorio-uapa.cuaieed.unam.mx/repositorio/moodle/pluginfile.php/2176/mod_resource/content/4/contenido/index.html

Diffie, W. y Hellman, M. E. (1976). New directions in cryptography. *IEEE Transactions on Information Theory, 22*(6), 644-654. Recuperado de: https://web.archive.org/web/20141129035850/https:/ee.stanford.edu/~hellman/publications/24.pdf

Digicert (2023). ¿Qué son los certificados de cliente? Recuperado de: https://www.digicert.com/es/faq/email-trust/what-are-client-certificates

Dinahosting (2024). *Certificado SSL*. Recuperado de: https://dinahosting.com/mas-servicios/certificados-ssl

Donohue, B. (2024). ¿Qué es un hash y cómo funciona? Recuperado de: https://latam.kaspersky.com/blog/que-es-un-hash-y-como-funciona/2806/

Fajardo López, L. (2001). "La firma electrónica en el derecho privado". *Revista Jurídica*, 5, Universidad Autónoma de Madrid. Recuperado de:

Feldstein de Cárdenas, S. L. (1995). *Contratos internacionales (contratos celebrados por ordenador, autonomía de la voluntad, lex mercatoria)*. Buenos Aires: Abeledo-Perrot.

GlobalSign (2024). Certificados de firma de código. Recuperado de: https://www.globalsign.com/es/certificado-de-firma-de-codigo

Gómez Gil, J. S. y Noriega Villamizar, Y. J. (2019). *Criterios de idoneidad del dictamen pericial en grafología forense* (trabajo presentado como requisito parcial para optar al título de tecnólogo en Investigación Criminal). Recuperado de:

Herramientas informáticas para la documentación (2023). Recuperado de: https://www3.uji.es/~aramburu/j42/docs/teoria/tema4.pdf

https://es.wikipedia.org/wiki/Funci%C3%B3n_hash

https://es.wikipedia.org/wiki/Organizacion_de_archivos#:~:text=ra%C3%ADz%20al%20archivo.,Organizaci%C3%B3n%20l%C3%B3gica,tambi%C3%A9n%20puede%20contener%20otras%20carpetas

https://legal-mexico.com/que-hace-un-perito-en-grafoscopia/#:~:text=La%20GRAFOSCOPIA%20estudia%20si%20la,de%20acuerdo%20a%20su%20formato

https://repository.unilibre.edu.co/bitstream/handle/10901/17895/CRITERIOS%20DE%20IDONEIDAD%20DEL%20DICTAMEN%20PERICIAL%20EN%20GRAFOLOG%C3%8DA%20FORENSE..pdf?sequence=1&isAllowed=y

https://uncitral.un.org/sites/uncitral.un.org/files/media-documents/uncitral/es/ml-elecsig-s.pdf

https://uncitral.un.org/sites/uncitral.un.org/files/media-documents/uncitral/es/06-57455_ebook.pdf

https://web.archive.org/web/20070127130201/http:/theory.lcs.mit.edu/~rivest/rsapaper.pdf

https://www.adobe.com/es/creativecloud/file-types/image/raster/jpeg-file.html

https://www.auronix.com/recursos/que-es-el-sms

https://www.google.com/search?q=FAJARDO+L%C3%93PEZ%2C+LUIS%2C+%E2%80%9CLA+FIRMA+ELECTR%C3%93NICA+EN+EL+DERECHO+PRIVADO%E2%80%9D&oq=FAJARDO+L%C3%93PEZ%2C+LUIS%2C+%E2%80%9CLA+FIRMA+ELECTR%C3%93NICA+EN+EL+DERECHO+PRIVADO%E2%80%9D&gs_lcrp=EgZjaHJvbWUyBggAEEUYOdIBCDE0NzlqMGo3qAIAsAIA&sourceid=chrome&ie=UTF-8

https://www.oxfordlearnersdictionaries.com/

https://www.simplilearn.com/tutorials/cryptography-tutorial/digital-signature-algorithm#:~:text=DSA%20stands%20for%20Digital%20Signature,key%20held%20by%20the%20receiver

https://www.watchguard.com/help/docs/help-center/es-xl/Content/en-US/Fireware/certificates/authentication_bovpn_c.html#:~:text=Certificados%20para%20

International Business Machines Corporation (IBM) (2024). Certificados digitales. Recuperado de: https://www.ibm.com/docs/es/ibm-mq/9.4?topic=concepts-digital-certificates

Internet Engineering Task Force (IETF) (2024). *A brief introduction to the Mission, Participants, Principles, Work and Meetings of the IETF*. Recuperado de: https://www.ietf.org/about/introduction/

Jena, B. K. (2023, February 14). Digital Signature Algorithm (DSA) in cryptography: How it works and more. Recuperado de:

Kissinger, H. A., Schmidt, E. y Huttenlocher, D. (2021). *The age of AI and our human future* (1ª ed.). Little, Brown and Company.

Law Society of Scotland (2023). *Electronic signatures guide*. Recuperado de: https://www.lawscot.org.uk/members/business-support/technology/electronic-signatures-guide/

Legal Information Institute (2023). *U.S. Code*. Recuperado de: https://www.law.cornell.edu/uscode/text/15/7006

Legal-México (2024). Voz: Pericial grafoscópica. Recuperado de:

López, A. (s.f.). Criptografía: qué son los algoritmos hash y para qué se utilizan. Recuperado de: https://www.redeszone.net/tutoriales/seguridad/criptografia-algoritmos-hash/

López Jiménez, D. *La autorregulación de la firma digital: las declaraciones de prácticas y las políticas de certificación.* Recuperado de: https://www.notariado.org/portal/documents

MDN Web Docs (2024). *Resources for Developers, by Developers.* Recuperado de: https://developer.mozilla.org

Microsoft Support (2022). Obtener un certificado digital y crear una firma digital. Recuperado de: https://support.microsoft.com/es-es/office/obtener-un-certificado-digital-y-crear-una-firma-digital

Microsoft. Learn (2024). Certificados X.509. Recuperado de: https://learn.microsoft.com/es-es/azure/iot-hub/reference-x509-certificates

Organización de archivos (s.f.). Recuperado de:

Oxford Learner's Dictionaries (s.f.). Recuperado de:

Oyarzábal, M. J. A. *La ley aplicable a los contratos en el ciberespacio transnacional.* (fecha de consulta 12 de marzo de 2024). Recuperado de: https://mariooyarzabal.info/wp-content/uploads/Article-Oyarzabal-7.pdf

Parlamento Europeo y del Consejo (2014). Reglamento (UE) No 910/2014 relativo a la identificación electrónica y los servicios de confianza para las transacciones electrónicas en el mercado interior y por la que se deroga la Directiva 1999/93/CE. Recuperado de: https://www.boe.es/doue/2014/257/L00073-00114.pdf

Pinochet Olave, R. (2005). La formación del consentimiento a través de las nuevas tecnologías de la información. Parte II: la aceptación electrónica. ¿Contratantes electrónicos contratantes presentes o ausentes? *Ius et Praxis, 11*(1), 55-92 (fecha de consulta 14 de febrero de 2024). ISSN: 0717-2877. Recuperado de: https://www.redalyc.org/articulo.oa?id=19711104

Poveda Daza, R. *Pericias sobre fotocopias-validez del dictamen sobre fotocopia como medio indiciario.* Recuperado de: https://criminalisticaforense.com/pericias-sobre-fotocopias-validez-del-dictamen-sobre-fotocopia-como-medio-indiciario/

Ramírez Santibañez, A. M. E. (2010). *La enseñanza del derecho en el sistema romano germánico y en el Common Law*. Recuperado de: https://repositorio.iberopuebla.mx/bitstream/handle/20.500.11777/1072/RamirezSantibanezAnaMaE2010-LaEnsenanzadelDerechoenelSistemaRomanoGermanicoyenelCommonLaw.pdf?sequence=1&isAllowed=y

Rancés, A. (1972). *Diccionario Ilustrado de la Lengua Española*. Barcelona, Editorial Ramón Sopena.

Real Academia Española (s.f.). *Diccionario de la Lengua Española*. Recuperado de: https://www.rae.es/

Rivest, R., Shamir, A. and Adleman, L. (1978). A method for obtaining digital signatures and public-key cryptosystems. *Communications of the ACM, 21*(2), 120-126. Previously released as an MIT "Technical Memo" in April 1977. Initial publication of the RSA scheme. Recuperado de:

Secretaría de Economía del Ejecutivo de los Estados Unidos Mexicanos (2024). Prestadores de Servicios de Certificación. Recuperado de: https://psc.economia.gob.mx/

Sector de Normalización de las Telecomunicaciones de la Unión Internacional de Telecomunicaciones (2024). Organización de las Naciones Unidas. Recuperado de: https://www.itu.int

Veritas (2023). ¿Qué es el cifrado RSA y cómo se compara con otros métodos de cifrado? Recuperado de: https://www.veritas.com/es/mx/information-center/rsa-encryption#:~:text=El%20cifrado%20RSA%20permite%20a,una%20clave%20privada%20puede%20descifrarlo

Voshmgir, S. (2023). *Economía del token (Cómo la Web3 reinventa Internet)* (2ª ed.). Token Kitchen.

WatchGuard (2024). *Certificados para autenticación de túnel VPN de sucursal (BOVPN)*. Recuperado de:

Webex (2024). *Centro de Ayuda, ¿Qué es un certificado digital X.509?* Recuperado de: https://help.webex.com/es-co/article/WBX42278/%C2%BFQu%C3%A9-es-un-certificado-digital-X.509?

Wikipedia (2023). Función hash. Recuperado de:

Zoner, SSLmarket. (2024). ¿Para qué sirve el certificado SSL/TLS? Recuperado de: https://www.sslmarket.es